나같은 늙은이 찾아와줘서 고마워

나 같은 늙은이 찾아와줘서 고마워

독거노인 열두 명의 인생을 듣다

글 김혜원　사진 권우성·남소연·유성호

오마이북

*** 머리말

　치매에 걸려 점점 기억을 잃어가는 아버지를 모시고 가평 할머니 산소에 다녀왔습니다. 산소로 오르는 좁다란 오솔길 앞에서 이 길이 아닌 것 같다며 수없이 머뭇거리던 아버지. 30년을 오간 익숙한 길마저도 이제는 기억 속에서 자꾸 지워지고 있는 것입니다.
　아버지는 할머니 산소에 힘겹게 소주잔을 부어놓으시고는 무너지듯 주저앉아 먼 하늘만 하염없이 바라보셨습니다. 아버지는 엄마 품에 안긴 어린아이처럼 한없이 평안해 보이셨지만 제 눈에는 알 수 없는 눈물만 흘러내렸습니다.
　〈오마이뉴스〉로부터 독거노인 관련 기획기사를 제안받던 순간에도 할머니 산소 앞에 앉아 계시던 아버지의 모습이 떠올랐습니다. 아직 기억이 남아 있는 지금이, 아직 딸과 함께 기쁨을 나눌 수 있는 지금이 아버지에게 작은 선물을 해드릴 기회라는 생각이 들었습니다.

2009년 9월부터 준비한 특별취재는 11월 13일 이금예 할머니를 시작으로 그해 12월 31일까지 총 17편의 기사로 마무리되었습니다. 배고프고 가난하지만 따뜻했던 어린 시절의 이야기, 오로지 일밖에 모르고 살았던 젊은 시절의 이야기, 늙고 병들고 가난에 지쳐있지만 사랑과 온정을 나누어주는 따뜻한 손길들이 있기에 삶의 희망을 버리지 않는 오늘의 이야기…….

그리 쉽지 않은 취재였지만 저 역시 어르신들과 함께 울고 웃으며 큰 감동과 위로를 받았습니다. 어르신들이 들려주신 이야기 속에서, 치매에 걸리신 이후 아버지의 기억 속에서 지워져가고 있는 어린 시절과 청년 시절, 장년 시절을 발견할 수 있었기 때문입니다.

한때는 알려고도 들으려고도 하지 않았던 아버지의 아프고 고되었던 지난날. 어르신들과 만날 때마다 마음속에 앙금처럼 남아 있던 아버지에 대한 원망과 서운함이 사라지고, 이해하려고도 하지 않았던 나의 옹졸함만 사무쳐 얼마나 많은 눈물을 흘렸는지 모릅니다. 그런 과정을 다 겪고 난 지금은 깊은 존경과 감사만이 남아 있을 뿐입니다. 제 삶의 커다란 선물이 아닐 수 없습니다.

또 다른 선물은 독거노인 기획취재 기사에 쏟아진 독자들의 커다란 사랑이었습니다. 독자와 네티즌들의 관심과 사랑은 디지털 세상에 울려 퍼진 아날로그적 감동이었습니다.

- 　　오늘은 무지 추운데…… 할아버지 방에 불은 때셨어요? 한번 뵙고 싶은데 어떻게 뵐 수 있을지. 따뜻한 밥 같이 먹고 싶어요. 어떻게든 연락해서 할아버지 만나러 갈게요.

고재호 할아버지 기사 댓글

- 　　저 역시 넉넉하지 않은 환경에서 자라서인지 남 이야기 같지 않았구요. 두 아이들에게 맛있는 밥도 해주고 할머니 집안일이라도 도와드리고 싶어요.

성말용 할머니에게 보낸 독자 이메일

- 　　70살 넘어서까지 저를 업고 공사현장 다니시던 저희 할머니 생각이 간절히 납니다. 부디 오래오래 사시고, 몸 마디마디마다 쑤시고 불편하시겠지만 마음만은 항상 젊게 사셨으면 하는 바람입니다. 건강하세요!

박막순 할머니 기사 댓글

〈오마이뉴스〉 쪽지함에는 기사를 보고 어르신들을 후원하겠다며 계좌번호를 문의하는 내용이 쇄도했습니다. 어르신들에게 도움이 되고 싶다며 십시일반 마음을 보탠 '좋은 기사 원고료'도 계속 쌓여갔습니다. 후원창구가 되었던 사회복지법인 '우양재단' 역시 행복한 비명이 이어졌습니다. 폭주하는 전화와 이메일로 업무가 일시적으로 마비되는가 하면 할머니 할아버지들에게 전달해달라는 선물들이 속속 답지했습니다. 독거어르신들의 아들딸이 되어 외로움을 덜어드리고 싶다며 흐느끼는 목소리로 전화를 해온 독자 때문에 사무실이 온통 눈물바다가 된 날도 있었다고 합니다.

이러한 열기를 이어 이듬해에 바로 기사를 책으로 펴내자는 논의가 나왔지만 보충취재와 사진촬영 등에 꼬박 1년이 걸렸습니다. 보충취재를 하면서 가장 걱정된 것은 워낙 연로하신 데다 건강 또한 좋지 않은 분들이다 보니 혹시라도 신변에 안 좋은 일이 생기면 어쩌나 하는 것이었습니다. 그러나 다행히도 김종예 할머니가 양로원으로 거처를 옮기신 것을 빼고는 큰 변화가 없었습니다. 참으로 감사한 일입니다.

어쩌다 보니 제 글이 〈오마이뉴스〉의 출판브랜드 '오마이북'에서 시민기자가 집필한 첫 책이라는 의미까지 갖게 되어 부담을 느끼지 않을 수 없습니다. 부족한 글임에도 용감한 결정을 해준 〈오마이뉴스〉, 영하의 추운 날씨에도 불구하고 좋은 사진을 위해 애쓴 권우성, 남소연, 유성호 기자에게 감사를 드립니다. 예쁜 책이 나올 수 있도록 함께 고민하고 도와준 서정은 팀장, 든든한 의논 상대가 되어준 김대홍 씨, 자료준비와 동행취재를 도와준 우양재단의 모든 선생님들, 기획 아이디어를 준 〈오마이뉴스〉 오연호 대표, 부드러운 미소로 묵묵히 지지를 보내준 우양재단의 정의승 이사장께도 깊은 감사를 드립니다.

또한 처음 만난 저를 딸처럼 따뜻하게 안아주시며 가슴속 아픈 사연들을 아낌없이 들려주시고 오히려 제 눈물을 닦아주며 위로와 격려의 말을 잊지 않으셨던 열두 분의 할머니 할아버지께도 존경과 감사의 말씀을 드립니다.

마지막으로, 저는 담아내는 역할만 했을 뿐 이 글은 취재에 응해주신 열두 분 어르신들의 인생이 고스란히 담긴 어르신들의 것임을 밝힙니다. 이 책을 열두 분 독거어르신과 동시대를 살아오신 모든 아버지 어머니 그리고 치매에 걸려 점점 기억을 잃어가는 사랑하는 나의 아버지 김영수 님께 바칩니다.

아버지가 기억을 모두 잃기 전에 이 책을 보실 수 있게 되어 더욱 감사합니다.

2011년 1월
김혜원

*** **차례**

머리말 _ 005

프롤로그 여든 살 인생의 가슴속 이야기 _ 013

01 나 같은 늙은이 굶어 죽은들 알겠어 병들어 죽은들 알겠어 | 박복례 _ 022
02 세상이 달라져서 그런 건데 탓하면 뭐해 | 고재호 _ 042
03 속이 타고 또 타서 재가 되었을 거야 | 주삼순 _ 066
04 이불 속에서 불러요 "아들아, 내 아들아" | 임현순 _ 088
05 45년 살아온 손바닥만 한 집 때문에 | 성말용 _ 112
06 일하고 싶지만 일자리가 있어야지 | 이금예 _ 134
07 8만 4천 원으로 한 달을 사는데 어떻게 병원에 가겠어 | 유옥진 _ 156
08 삼대를 이어온 가난, 모두가 내 탓이지 | 홍판순 _ 178
09 늙고 가난하다고 여자도 아닌 줄 알아? | 조필남 _ 202
10 자식들 무서워 숨어 산다면 믿겠어? | 김종예 _ 226
11 누구를 원망하고 싶지도 미워하고 싶지도 않아 | 김원용 _ 248
12 딸 하나만 바라보며 견뎌온 세월이야 | 박막순 _ 272

희망이 되어주는 사람들 _ 295
막순 씨와 술친구 하다 친해졌어요 | 자원봉사자 정창길 씨 이야기

에필로그 복지의 사각지대를 찾아 마음을 전하다 _ 309

일러두기

■
_ 이 책에 등장하는 열두 명 어르신의 나이는 2009년 인터뷰 시점으로 정리했습니다.
_ 사진은 2010년 12월부터 2011년 2월 초까지 촬영했습니다.
_ 임현순, 조필남 님은 가명 처리를, 김원용 님은 뒷모습 사진 게재를 조건으로 책 출간을 허락했습니다.

*** 프롤로그

여든 살 인생의
가슴속 이야기

■

　유난히 춥고 눈이 많이 왔던 2009년 겨울. 서울에 살고 계신 열두 분의 독거노인을 만났다.
　대낮에도 햇볕 한 조각 허락되지 않는 손바닥만 한 지하 월세방에서 이불 한 채와 그릇 몇 개가 전부인 초라한 살림을 꾸리며 살아가는 노인들.
　습하고 어두운 반지하방에서 없는 듯 조용히 숨어 지내며 얼마 남지 않은 노년의 삶을 외로움과 가난 그리고 질병을 벗 삼아 살아가는 독거노인들의 삶을 들여다보기로 한 계기는 측은한 삶을 드러내 값싼 동정을 이끌어내자는 것이 아니었다. 내 살이든 남의 살이든 아픈 곳을 헤집어 들여다보는 일에는 얼마간의 고통이 따른다. 그럼에도 불구하고 취재에 나서겠다고 용기를 낸 것은 사는 모습과 생김새는 달라도 여든을 바라보는 내 부모와 너무나도 닮아 있는 그분들 삶에 대한 연민과 존경 때문이었다.

　일제강점기와 한국전쟁이라는 민족적 비극을 겪으며, 국가나 민족을 위한다는 명분 아래 경제발전을 위해서는 어떠한 희생도 감수할 수밖에 없었던 분들. 그 험난한 세월을 운명인 양 살아온 그들이 나의 부모이며 지금의 우리가 있게 한 분들이기에 그분들의 지나온 삶에 작은 의미라도 찾아드리고 싶었던 것이다.

　늙고 병든 몸에 돌봐줄 자식마저 없는 독거노인들이지만, 오늘이 그렇다고 해서 삶 전체가 비루하거나 초라했던 것은 아니다. 그들이라고 돌아보면 미소가 떠오를 아름다운 시간들이 왜 없었을 것이며, 영원히 기억하고 싶은 소중한 순간들이 왜 없었을까. 다만 초라한 독거노인일 뿐인 그들의 삶을 그 누구도 궁금해하거나 알고 싶어 하지 않았을 따름이다. 그래서 독거노인의 어려운 현실을 다루면서도 비참함에만 초점을 맞추고 싶지 않았다. 주변의 관심과 보호가 시급했지만 후원과 지원을 위해 노인들의 초라한 모습만을 클로즈업하여 동정을 짜내고 싶지는 않았던 것이다.

　대신, 지나온 그분들의 삶을 통해 독거노인이 된 지금의 외로운 삶이 어디서 어떻게 시작되었는지, 인생의 어디쯤에서 무엇이 어떻게 잘못되었는지 들여다보기로 했다. 이야기를 듣다 보면 무엇이 그들을 독거노인이라는 인생의 막다른 길까지 끌고 왔는지 알 수 있을 것 같았다. 그럼으로써 독거노인의 삶을 동정이 아닌 따뜻한 연민의 시선으로 바라보게 하고 싶었다.

당시 만난 70, 80대의 노인들은 대부분 일제강점기와 한국전쟁의 잔인한 기억들을 잊지 못했다. 〈기미가요〉〔일본국가(國歌)〕를 토씨 하나 틀리지 않고 줄줄 부르는가 하면 요즘도 가끔 눈을 감으면 전쟁 때 들었던 포성이 들려 잠이 깬다는 할머니도 있었다. 그들의 입을 통해 나온 이야기는 개인의 삶일 뿐 아니라 하나하나가 생생한 민중의 역사적 증언이었다. 그들이 역사에 한 획을 그을 만한 유명한 학자나 정치가도, 이름만 대면 알 만한 재벌도 아니기 때문에, 내 부모와 다르지 않은 평범한 사람들이기 때문에 한 사람 한 사람의 이야기가 더욱 소중했는지도 모르겠다.

떨치기 힘들었던 가난의 굴레

살아온 삶을 조근조근 이야기할 때 독거노인들의 얼굴에 떠오르는 표정은 '비루하고 구차한' 현재의 삶을 이야기할 때와는 또 달랐다. 늙고 병들고 외로운 삶인데 지난 시절의 이야기가 아무리 아름다운들 무슨 소용이냐며 처음에는 모두 인터뷰를 거절하는 듯했지만 일단 말머리를 꺼내놓기 시작하니 소설책 열 권도 더 되는 사연들이 굴비처럼 엮여 나왔다. 팔십 평생을 살아오면서 단 한 번도 누군가에게 속 시원히 털어놓아본 적 없다는 가슴속 이야기. 말 그대로 우여곡절이요 파란만장한 삶이었다.

일제강점기와 한국전쟁을 온몸으로 살아내신 그분들이 가장 좋아하는 것은 가난한 시절 부를 상징하는 말이었던 '쌀밥에 고깃국'이다. 내 부모 내 자식에게 따뜻한 쌀밥과 고깃국 한 그릇을 배불리 먹이는 게 소원이었다던 그들. 그것을 위해 지문이 닳고 무릎 관절이 녹아내리도록 일을 했지만 수저 들 힘마저 없어진 지금도 여전히 쌀밥에 고깃국은 잘사는 사람들만이 누리는 호사일 뿐이다. 그 시절 태어난 사람은 대부분 그렇듯 그분들도 너나 할 것 없이 가난을 두 어깨에 짊어지고 세상에 나왔다. 어린 시절부터 굶기를 밥 먹듯 했고, 학교 갈 나이가 되어서는 책가방 대신 쟁기를 들고 논밭으로 일을 나가야 했다.

여자들의 사정은 더 심각했다. 뿌리 깊은 가부장제 속에서 여자로 태어났다는 이유만으로 교육의 기회를 박탈당해야 했으며, 삼종지도(三從之道)와 칠거지악(七去之惡) 같은 구습에 얽매여 남편과 시부모의 가혹한 학대 속에서도 말 한마디 못하고 견디는 것이 미덕인 줄 알고 살아왔다.

가난과 역사의 격변 속에서 배움의 기회조차 얻지 못해 자신의 이름 석 자만 간신히 쓸 줄 아는 그들. 가진 것 없고 배우지 못한 그들에게 우리 사회가 허락한 일자리는 그리 많지 않았다. 중국집 배달부로, 부잣집 식모로, 봉제공장 여공으로, 공사장의 노가다 일꾼으로……. 새벽부터 밤늦게까지 밥 먹는 시간조차 아껴가며 일을 했지만 날품과 달품으로는 뿌리 깊은 가난을 떨쳐내기 어려웠다.

그래도 자식에게만큼은 희망을 버리지 않았다. 내 입에 밥 한 수저 넣는 것을 아까워하며 자식들을 가르쳐 자신들처럼 무시당하고 멸시받는 사람이 되지 않기를 바랐지만, 개천에서 용을 키워내기란 피부처럼 들러붙은 가난을 떼어내기보다 더 어려웠다. 죽도록 일을 했지만 부모가 물려준 가난을 자식들에게 그대로 대물림할 수밖에 없는 악순환의 고리를 끊어내기에는 역부족이었던 것이다.

함께 나누는 희망의 불씨

혹자는 몇몇 독거노인들의 경우 자식이 있는데, 왜 늙고 병든 부모를 부양하지 않느냐고 묻는다. 하지만 자식들 역시 가난을 떨쳐 버리긴 쉽지 않았다. 불우한 환경을 딛고 어떻게든 살아보려고 애썼겠지만 대부분 일용직 노동자로 생계를 잇거나 장기간의 실직 상태에 빠지거나 신용불량자로 전락하는 등 자기 처자식조차 거두기 힘든 처지였다. 이런 상황에서 부모 부양은 기대하기 어려운 일이다.

이런 자식들의 사정을 잘 아는 노인들은 자신들의 가난을 대물림한 것 같아 마음만 아플 뿐 차마 그들에게 짐이 되기를 원하지 않는다. 자식이 있는 독거노인들은 대부분 형편이 어려운 자식에게 부담을 주느니 빈병과 폐지를 주워서라도 내 입에 풀칠은 내가 한다며 자발적 독거를 택한 분들이다. 남들처럼 잘 먹이지도 잘 입히지도 잘 가르치지도 못한 부모라는 미안함에 모시는 것은 바라지도 않고 원망만 하지 않으면 고맙다는 것이다.

호적상 드러난 자식이 있다는 이유로 정부가 기초생활수급자에게 지원하는 생활비 보조마저 받지 못하는 독거노인들의 겨울은 혹독할 수밖에 없다. 반찬값이라도 벌 수 있었던 공공근로나 노인일자리사업도 동절기에는 중지되고, 또 다른 수입원이 되어주던 폐지나 박스 줍기 역시 영하의 추위 속에서는 할 수 없기 때문에 정부나 복지단체가 도와주지 않는다면 추위와 배고픔을 해결할 방법이 없다.

복지단체로부터 배달된 도시락 하나를 아껴 먹으며 이틀을 견딘다는 할머니, 20년 동안 라면 한 개로 하루 식사를 해결해왔다는 할아버지, 영하 10도의 추위에도 보일러를 켜지 않은 채 전기장판에 의지해 몸을 녹이는 할머니, 영양실조로 온몸이 붓고 피부에 부스럼이 나기 시작한 할머니…….

외로움 또한 배고픔이나 추위 못지않게 독거노인을 괴롭히는 커다란 적이다. 젊은 시절에는 비록 가난해도 자식이 있고 친구가 있고 이웃이 있었기에 외롭지는 않았다. 외롭다 한들 젊고 건강한 몸이 있고 내일에 대한 희망이 있었기에 슬프지는 않았다. 하지만 젊음도 건강도 재산도 없는 지금은 가족도 친구도 이웃도 그들을 돌아보지 않는다.

화려한 도시의 뒷골목을 돌며 지난밤 사람들이 버리고 간 쓰레기를 주워 하루를 연명하는 노인들은 질긴 목숨을 끊지 못해 살고는 있지만, 내일 또 이 춥고 외로운 반지하방에서 눈을 뜰 것이 두려워 매일 밤 이대로 잠든 채 세상을 뜨게 해달라고 간절히 기도한다. 가진 재산 없이 월세에도 미치지 못하는 8만 4천 원의 노령연금으로 한 달을 살아내야 하는 이들에게 햇볕 잘 들고 따뜻한 집은 그저 꿈일 뿐이며, 따뜻한 밥에 고기반찬은 일 년에 몇 번 누리면 감사한 사치일 뿐이다.

햇볕 잘 드는 방이 아니라도 좋으니 내쫓기지만 않아도, 매 끼니 따뜻한 밥에 고깃국은 바라지도 않으니 하루 세 끼 끼니걱정만 하지 않아도 여한이 없겠다는 노인들. 가족 같은 따뜻한 보살핌은 바라지도 않지만 아무도 모르게 세상을 떠나게 될 때 발견해줄 사람이 있다면 그나마 마음이 놓이겠다는 분들이 독거노인이다.

해마다 겨울이 되면 독거노인이 홀로 죽음을 맞은 후 며칠이 지나서야 시신이 발견되었다는 가슴 아픈 보도가 빠지지 않고 들려온다. 잊을 만하면 들려오는 독거노인들의 외로운 죽음. 그때마다 언론들은 다투어 독거노인 정책을 비판하고 주변의 무관심을 질타하는 척 호들갑을 떨곤 하지만 정작 독거노인들의 고독사를 예방할 대책은 나오지 않고 있다.

이들의 외로운 삶과 고독한 죽음에 우리는 정말 아무 책임도 아무 상관도 없는 것일까. 병들고 가난하고 외로운 독거노인들은 누구도 아닌 내 부모 세대의 모습이며 훗날 나의 모습일 수도 있지 않을까.

차마 꺼내기 어려웠던 독거노인들의 삶을 이렇게라도 들추어내어 알리려는 가장 큰 이유가 여기에 있다. 복지의 사각지대에 놓인 독거노인이 사회적 배려와 관심, 지원의 결핍으로 매일을 죽음과도 같은 추위와 배고픔 그리고 외로움과 싸우며 지내고 있음을 알아주길 바라기 때문이며 이들에 대한 국가적, 사회적, 공동체적 대책과 지원방안을 마련해주길 기대하기 때문이다.

　나의 보잘것없는 글이 그분들의 삶에 어떤 도움이 될지 알 길 없지만, 우리 곁에 이렇게 외롭고 아프고 슬픈 노인들이 함께 살고 있음을 알릴 수 있다면 그것만으로도 큰 보람이 아닐 수 없다.

　이번 겨울에도 혹독한 추위가 기승을 부리고 있지만 끼니와 난방비를 걱정해야 하는 독거노인의 현실은 여전하다. 2010년 8월 살던 집이 재개발되어 오갈 데가 없어진 김종예 할머니가 시립양로원으로 거처를 옮기긴 했지만 그분 말고는 내가 만난 어르신 중 그 누구도 지난해보다 풍족한 겨울을 나고 있지 못하다.

　하지만 어르신들의 안부를 걱정해 귤 한 봉지를 사 들고 불쑥 들어서는 자원봉사자의 따뜻한 마음이 있고, 돼지저금통을 털어서라도 할머니 할아버지께 도움을 드리고 싶어 하는 고사리손들이 있으며, 정성 어린 편지와 마음이 담긴 선물, 그리고 기도와 관심으로 후원하는 수많은 이웃들의 사랑이 있기에 희망의 불씨는 아직 꺼지지 않았다. 그들이 나누는 작은 사랑의 불꽃이 독거노인들의 얼어붙은 방바닥을 따뜻하게 덥히는 보일러가 되고, 어두운 방을 환하게 비추는 전등이 되며, 배고픔을 이길 한 그릇 따뜻한 밥이 되어 이 추운 겨울 우리 모두의 마음을 녹이고 있다.

　아직은 더불어 살 만한 이 세상이 감사할 뿐이다.

01

나 같은 늙은이
굶어 죽은들
알겠어
병들어 죽은들
알겠어

박복례
1933년생, 실제 1930년생

서울 강서구 화곡동의 허름한 주택가에 자리 잡은 오래된 단독 주택의 뒷방. 박복례 할머니가 몇 년째 세 들어 살고 계신 집이다. 날씨가 추우니 미리 나와 계시지 말라고 전화를 했건만 진작부터 나와 계셨던지 벨을 누르자마자 덜컹 하고 대문이 열린다.

"이 집에 들어온 지가 벌써 5년이 다 되어가는데 재개발인가 뭔가 한다고 주인이 집을 비워달라네. 이 돈 가지고 이만

한 방 구하기도 어려운데 어떡해야 할지 몰라. 하지만 뭐 늙은이를 거리로 내몰기야 하려구. 어떻게 되겠지. 늙은이가 걱정해봐야 소용없더라구. 되는 대로 사는 거지 뭐."

몇 년 전 낙상으로 다친 허리가 점점 더 굽어지고 있다는 할머니. 깊게 굽은 허리 때문에 걷기는커녕 서 있기조차 힘들어 보이지만 성격만큼은 밝고 유쾌하시다. 계단 몇 개를 오르기도 힘드신지 문을 열고 들어서기가 무섭게 주저앉아버리신다. 급한 일, 어려운 일은 도우미 아주머니(정부 파견 독거노인생활지도사)의 손을 빌리고 있다지만 생활능력이 전혀 없는 할머니에게는 주 1회 방문이 턱없이 모자라 보인다.

입만 살았지 죽은 목숨이야

- "후유, 이젠 계단 오르내리기도 힘들어. 그쪽에 앉아. 살림이 지저분하지? 내가 몸이 아프고 힘들어서 할 수가 있어야지. 그래도 일주일에 한 번 도우미 아줌마가 도와줘서 이만큼이나 하고 사는 거야. 입만 살았지 죽은 목숨이나 다름없어."

함께 간 우양재단의 사회복지사가 가져간 쌀을 내려놓자 할머니는 기다렸다는 듯 요구르트를 내어주신다. 사회복지사든 자원봉사자든 당신 집에 오는 사람이 반가워 그들을 위해 물 한 그릇이라도 준비해두신다는 할머니. 힘든 걸음으로 큰길까지 나가 사 들고 오셨으리라 생각하니 거절하는 것이 오히려 죄송스럽다.

- "우양에서 도와주지 않으면 누가 도와주나. 선생님들이 쌀도 갖다주고 김치도 해다 주고 그래서 굶어 죽지 않고 살지. 나 같은 늙은이, 나라에서도 나 몰라라 하는데…… 굶어 죽은들 알겠어, 병들어 죽은들 알겠어. 내가 여기 선생님만 생각하면 너무 고마워서 눈물이 날라 그래. 요즘엔 자식들이 있다 해도 이렇게 안 하거든."

할머니의 살림은 초라하기 짝이 없다. 불김 하나 없는 부엌에는 찌그러진 냄비와 20년은 족히 되어 보이는 낡은 '스텐' 밥그릇, 색바랜 플라스틱 바가지가 아무렇게나 엎어져 있고, 노란 포장용 테이프 몇 조각으로 벽에 붙여놓은 두 장의 달력은 바로잡을 누구도 없었던지 삐뚤어진 채 간신히 벽을 붙잡고 있다.

현관문에는 여름에 유용하게 사용했을 발이 겨울이 된 지금까지 까맣게 때에 절어 걸려 있었는데, 아마도 몇 년 전에 걸어놓은 그대로 손을 대지 않은 듯했다. 세 평 남짓 되어 보이는 안방조차도 모기장이 반을 차지하고 있었는데, 사계절 내내 모기들이 극성을 부려 겨울에도 모기장 없이는 잠을 잘 수 없다고 하신다.

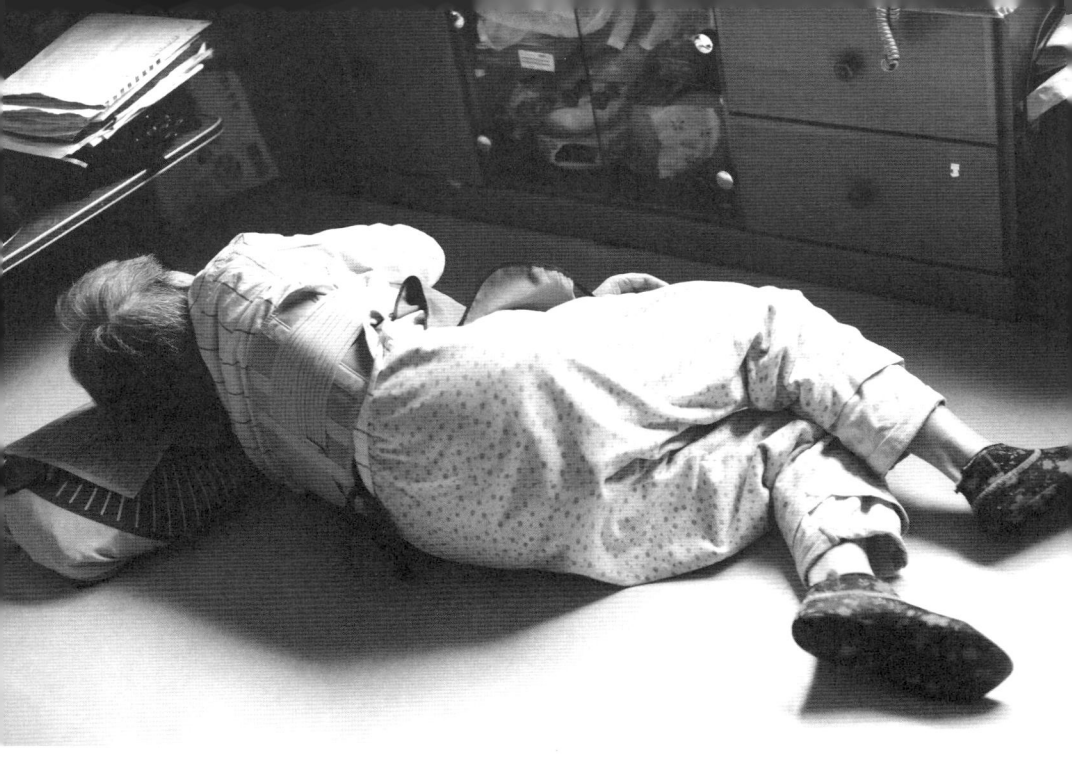

....
몇 년 전 낙상으로 허리를 크게 다쳐
돌아눕는 것마저도 고통스럽다.

가짜 이혼서류에 속아 산 50년

50여 년 전 이혼을 했다는 할머니는 한 번도 당신 몸으로 아이를 낳아본 적이 없다. 하지만 호적에는 남편과 자식이 등재되어 있어 정부가 지원하는 독거노인의 요건에 해당되지 않는다. 당장 먹고 살 길이 없는 딱한 사정이지만, 함께 살지도 않은 남편과 낳지도 않은 자식 때문에 기초생활수급자로 선정되지 못해 생계비 보조를 받지 못하고 있는 것이다.

- "내가 이렇게 거지꼴로 살게 된 것도 다 그 나쁜 인간 때문이야. 때리고 욕하고 무시하고 바람까지 피우고…… 나한테 못된 짓이란 못된 짓은 다 했지만 지금까지 날 이렇게 못살게 할 줄은 몰랐어. 그 인간 때문에 내가 이렇게 거지꼴로 살면서도 생활보호대상자가 못 됐잖아."

젊은 시절 남편의 구타와 욕설에 시달린 것은 물론 남편이 씨받이로 데리고 온 여자에게 안방을 내주는 수모까지 겪었다는 할머니. 이혼을 하고 혼자 산 세월이 50년도 넘었지만 그때 받은 상처가 떠오를 때마다 어제 일처럼 가슴이 뛰고 분노로 온몸이 떨려온다.

- "내가 하도 사는 게 딱하니까 아는 이웃이 동사무소에 이야기해서 수급자(기초생활수급자 지정)를 받아보라고 하더라

구. 나처럼 자식 없고 나이 많고 가난한 노인들은 나라에서 도와준다고 말이야. 그래서 그거 하러 동사무소 갔다가 알게 된 거야. 이런 때려죽일 영감이 또 어디 있어, 어이구 참."

10년 전 기초생활수급자 신청을 하기 위해 동사무소에 들렀던 할머니는 독신인 줄로만 알았던 당신 호적에 남편과 후처 소생 자식들이 올라 있다는 것을 알게 되었다. 50년 가까이 혼자 살았지만 서류상으로는 남편과 자녀들이 버젓이 있는 한 가정의 아내이며 엄마였던 것이다.

- "청천벽력이지. 갑자기 없는 남편에 자식까지 있다는데 속이 안 터지겠어? 수급자고 뭐고 억울해서 살 수가 없는 거야. 그래서 그날부터 내가 이혼해달라, 호적 고쳐달라고 눈이 뒤집혀서 뛰어다녔어. 결혼해서 사는 동안 그렇게 때리고 욕하고 패악질을 해댄 것도 모자라서 늙어서까지 이렇게 날 못살게 하나 싶어 분하고 억울해서 살 수가 있어야지."

글을 읽지 못했던 할머니는 남편이 이혼서류라고 내민 종이에 도장을 찍어주었으니 이혼이 성사된 줄로만 알았다. 하지만 남편은 본처가 글을 모른다는 사실을 이용해 가짜 이혼서류를 만들었다. 50여 년이 흘러서야 당시 남편이 내밀었던 이혼서류가 가짜였다는 것을 알게 되었다니 속아 산 지난 세월이 얼마나 원통했을까.

일제치하에서 태어나 일본식 초등학교를 다닌 것이 교육의 전부였다는 할머니. 그래서 일본말과 일본글은 좀 배웠지만, 해방 후 힘겹게 살다 보니 한글을 배울 기회가 없었다. 이혼을 하고도 몇 년이 흐른 후에야 어깨너머로 겨우 한글을 깨치게 되었으니 남편이 내민 서류가 가짜인 것을 알아볼 수가 없었던 것이다.
　그래서 할머니는 공부에 대한 한이 많다. 이혼녀로, 독거노인으로 살아오면서 글을 알았더라면 겪지 않아도 됐을 설움들을 너무나 많이 당한 것이다. 식민치하에서 조선인으로 태어난 죄로 한글조차 배우지 못하고 평생을 까막눈으로 살아오다 보니 그 시절 배움의 길을 막았던 일본인들에 대한 원망도 크다.

동생들도 모두 세상을 떠나고

- "일제시대에 초등학교를 다녔는데 그땐 일본말만 배웠어. 학교에서 무심코 조선말 쓰다가 걸리면 얼마나 두드려 맞았는지 몰라. 잊어버리지도 못해. 무라카미라는 일본인 선생이 있었는데 조선말을 쓴다고 뺨을 얼마나 모질게 때렸던지 그 자리에서 까무러쳤다니까. 깨어나보니 뺨이 이렇게 부어올랐더라구. 일본놈들이 그렇게 지독했어. 그래도 내가 공부는 잘했어. 1등은 못했지만 2등은 꼭 했거든. 그래서 부반장도 하고 그랬는데……."

대부분의 사람들이 농사로 생계를 유지하던 시절, 박복례 할머니의 아버지는 일찌감치 장사를 시작해 풍요롭진 않아도 남들에 비해 궁핍한 생활을 하진 않았다. 참빗으로 곱게 빗은 갈래머리에 어머니가 지어주신 명주, 항라 치마저고리를 입고 나서면 나비 같다, 꽃 같다는 칭찬도 많이 받았지만 행복했던 유년 시절도 오래가진 않았다.

- "어머니가 살아 계실 때는 어려움을 몰랐지. 그땐 도시락을 싸 오지 못해서 점심을 굶는 애들도 많았어. 그러면 내 도시락 먹으라고 주기도 하고, 떨어진 신발 신고 오는 애가 있으면 내 신발을 벗어주기도 하고, 추위에 떠는 애들 보면 옷도 벗어주고 그랬어. 그러면 어머니가 '아유, 우리 딸이 나보다 낫네' 하며 칭찬해주셨지. 어머니도 어려운 사람들한테 쌀도 퍼주시고 많이 그랬거든."

할머니에게 첫 불행이 닥친 것은 열네 살 무렵, 어머니가 갑자기 세상을 떠나면서부터였다.

- "초등학교 6학년에 해방을 맞았지. 중학교 가려고 세일러복까지 다 마련해놨는데 어머니가 돌아가신 거야. 몸이 약해 내 위로 아이 일곱을 내리 잃으셨거든. 나와 동생 둘만 간신히 살아 애지중지 키우셨는데……. 어머니 돌아가시고 얼마 되

. . . .
참빗으로 곱게 머리를 빗고 어머니가 지어주신 치마저고리를 입고 나서면 나비 같다, 꽃 같다는
이야기도 많이 들었다. 짧았지만 행복했던 어린 시절을 낡은 사진만이 기억해주고 있다.

지 않아 서모(새엄마)가 들어왔는데 어찌나 못됐는지……. 그 여자가 재산 다 말아먹고 도망가는 바람에 아버지도 시름시름 앓다 돌아가시고…… 우리 세 남매 고아가 된 거지."

중학교 가면 입으려고 마련해둔 세일러복을 한 번도 입어보지 못한 채 소녀가장이 되어버린 할머니. 부모님이 남겨주고 간 두 남동생은 누구보다 소중한 혈육이었다. 하늘 아래 혈육이라고는 셋뿐, 하지만 그 소중한 동생들도 지금은 모두 세상을 떠났다. 작은 동생은 월남전에서, 큰 동생은 수년 전 병으로 할머니보다 먼저 세상을 등진 것이다.

- "난 동생들을 위해 살았어. 그 애들이 내 자식이나 다름없었는데…… 하나는 월남전에 나가 죽고 남은 동생마저 천수를 다하지 못하고 먼저 가고 나니 내 신세가 참 처량하더라구. 그래도 동생들 학비 대주고 도와주고 할 때가 좋았는데, 이젠 하늘 아래 나 하나야."

먼저 간 동생들 이야기에 할머니는 눈시울을 적신다. 당신도 당신이지만 부모 없이 자란 동생들의 고생을 너무도 잘 알기에, 다른 집 아이들처럼 호강 한번 해보지 못하고 일찍 세상을 뜬 동생들을 생각하면 가슴이 미어지는 것이다.

▪ "스물셋에 결혼을 했어. 시집간다고 집을 나서는데 막내 동생이 얼마나 우는지…… 차마 발길이 떨어지지 않더라구. 그렇게 시집이라고 간 데가 마석이야. 남편이 3대 독자라 아들을 낳아줘야 했는데 내가 아이를 낳지 못한 게 죄인 거지. 차라리 결혼을 하지 말걸 그랬어. 그냥 혼자 깨끗이 살다 늙어 죽었더라면 좋았을 것을……."

사람의 정이 더 고픈 거야

식모살이를 하며 동생들 생활비를 보태주던 할머니가 결혼을 한 건 스물셋 무렵이었다. 그런데 남편은 술만 먹으면 성격이 난폭해져 폭행을 일삼았고, 결국 할머니에게 커다란 상처를 안겨주고 말았다. 임신 중이었던 할머니의 배를 걷어차 뱃속의 아이가 사산되고 그 후유증으로 더 이상 임신할 수 없는 몸이 되어버린 것이다. 할머니 배에는 그때의 수술 자국이 지금도 문신처럼 남아 있다.

남편은 자신의 폭행으로 아내가 아이를 가질 수 없는 몸이 되었지만 미안해하기는커녕 씨받이를 구해 자식을 낳고 한집에서 함께 살면서 할머니를 괴롭혔다. 집안 살림과 농사일은 물론 작은부인의 산바라지와 시중까지 들게 했던 것이다. 결국 이혼밖에는 길이 없었다는 할머니. 하지만 이혼서류는 가짜였고, 당신 나이 일흔여섯까지 법적인 혼인 상태로 살아온 셈이다.

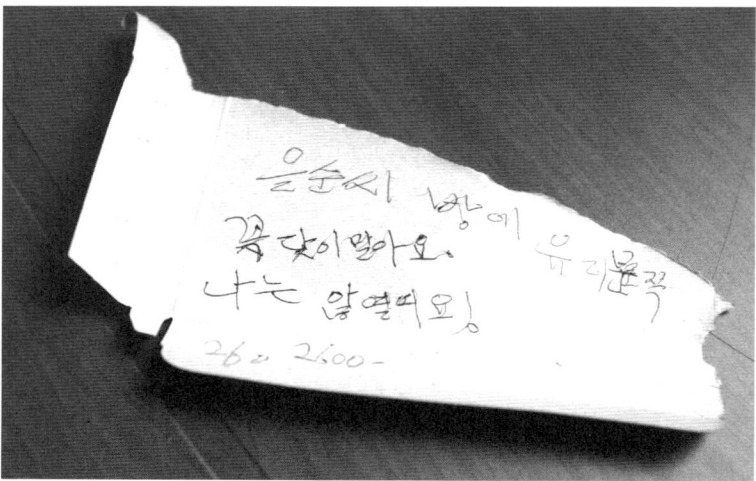

··········
119 버튼만 누르면 도움을 받을 수 있는 긴급구조 전화와 그 옆에 꼬불꼬불한 글씨로 남겨둔 쪽지.
"을순 씨, 방에 유리문 꼭 닫지 말아요. 나는 안 열려요!"

- "스물셋에 시집가서 스물여섯에 나왔으니 3년 살았네. 다른 여자를 집에 들여서 아이까지 낳고 살고 있는데 어떻게 같이 살아. 그래서 집을 나오면서 이혼을 해달라고 했지. 그런데 무슨 이유에서인지 이혼만은 못하겠다는 거야. 이혼하지 말고 그냥 나가래. 울고불고 매달려서 겨우 서류에 도장을 찍었는데 그게 다 사기였던 거야."

후처와 남편 사이에 낳은 아이까지 할머니 호적에 올라 있음을 알게 된 이후 법정투쟁을 시작한 할머니. 사방팔방으로 뛰어다닌 끝에 2006년에야 비로소 이혼을 법적으로 인정받았고, 그 후 호적 정리까지 마무리하는 데 1년이 넘게 걸렸다. 폐지를 팔아서 모은 얼마 되지 않는 돈마저 소송을 하느라 바닥이 나버렸지만 남편과 헤어진 지 50년 만에 법적으로 이혼을 인정받던 날은 너무 기뻐 잠도 오지 않았다.

- "서방인지 남방인지 생각만 해도 이가 갈리는데 내 호적에 그 인간 이름이 올라 있다니 부아가 치밀어 잠을 잘 수가 있어야지. 이혼 50년 만에 그 웬수 놈 집에 찾아갔잖아. 영감도 늙고 병들어 다 죽게 됐더라구. 세상에 버젓이 남편하고 애 낳고 살고 있는 후처가 수급자로 돈을 타먹고 있는 거야. 후처는 혼인신고도 안 했고 호적에 자식도 없으니 수급자가 된 거지."

실제로 독거 상태에 있는 할머니가 수급자 지정을 받지 못한 것은, 독거노인의 수급자 지정이 대부분 호적상의 부양가족 유무에 따라 결정되기 때문이다. 그래서 할머니처럼 사실상 이혼 상태이며 자녀를 출산한 적이 없는 독거노인이라도 서류상 혼인 상태에 있으며 자식이 등재되어 있으면 어려운 생활환경과 관계없이 수급자 지정을 받지 못한다.

- "너무 고마워. 나같이 냄새나고 구질구질한 늙은이를 누가 이렇게 찾아와주나. 그래도 사람 집에는 사람이 드나들어야 사는 것 같은데……. 쌀도 좋고 김치도 좋지만 아무것도 안 가져와도 좋아. 그냥 한번씩 얼굴이나 보여줘. 그래, 이제 가면 또 언제 오려나? 늙은이 잊지 말고 자주 찾아와."

인터뷰를 마치고 집을 나서니 할머니는 아쉬움에 잡은 손을 놓지 못한다. 쌀보다 김치보다 더 그립고 고픈 것이 사람이며 정이기 때문이다. 어린 시절 공부를 하지 못했던 것이 한이 되어 여든의 나이에도 건강이 좋은 날엔 한글공부와 영어공부를 하신다는 할머니. "굿바이, 씨유 레이터"라고 인사를 하신다. 뒤늦게 배웠지만 한글도 다 떼었고 쉬운 영어 정도는 말하기는 물론 읽고 쓰기도 가능하다니 공부에 대한 할머니의 열망이 얼마나 컸는지 짐작할 수 있다. 할머니는 거동이 불편해 문밖출입이 쉽지 않다. 그 흔한 상추쌈 한번 먹고 싶을 때도 몇백 미터 거리의 가게까지 걸어갈 수 없어 도

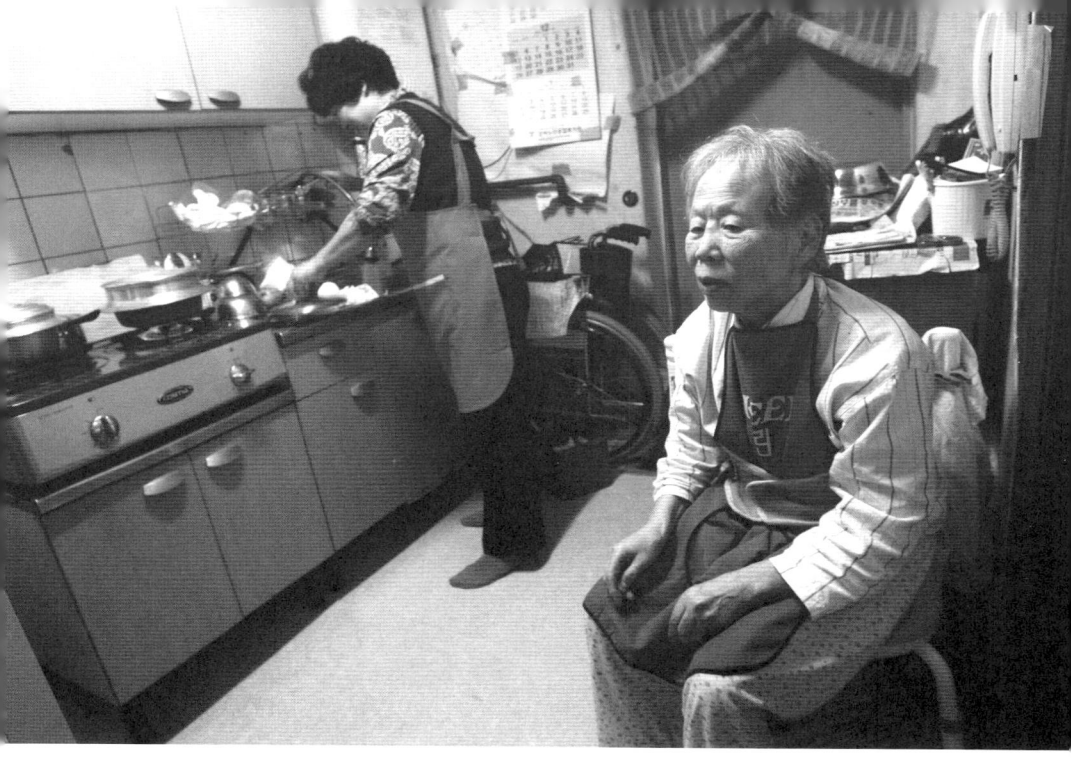

....
거동이 불편하니 급한 일, 어려운 일은
일주일에 한 번 방문하는 도우미 아주머니의 도움을 받아야 한다.
유일한 말벗이기도 한 을순 씨가 집 안을 정리하고 있다.

우미 아주머니가 오기만 기다려야 한다. 이런 할머니에게 가장 두려운 것은 바로 '고독사'이다. 텔레비전에서 독거노인의 외로운 죽음에 대한 뉴스가 나올 때마다 남의 일 같지 않아 가슴이 미어진다는 할머니. 두려운 것은 배고픔과 가난이 아니라 당신이 필요할 때 곁에 있어줄 사람이 아무도 없다는 사실이다.

가장 두려운 것은 고독사

고령화 사회에 접어들면서 홀로 사는 노인들이 늘어가고 그에 따라 노인들의 고독사 역시 늘어가고 있다. 하지만 우리 사회에는 여전히 독거노인들의 안전과 안부를 챙겨줄 관리제도가 미흡하기만 하다. 우리보다 먼저 고령화 사회를 맞았으며 이미 최고령화 사회에 들어선 일본의 경우 독거노인 가정의 전기와 가스사용 현황을 체크하여 안부를 챙기는 것은 물론 자원봉사자들이 거의 매일 방문해 안전을 확인하는 시스템을 마련해 고독사를 미연에 방지하고 있다. 우리나라 역시 2050년이면 최고령화 사회로 진입하게 될 것이라는 예측이 나온 바 있다. 고령화 사회에 대한 준비를 남의 나라 일처럼 생각해서는 안 될 이유가 여기에 있다.

할머니의 이야기가 〈오마이뉴스〉에 실리고 나서 몇 달이 지난 2010년 초, 반가운 소식이 들려왔다. 이혼 소송 후 호적정리 절차를 밟아 법적으로 독거노인이 된 할머니가 구청의 심사를 통과하여 기초생활수급자가 된 것이다. 고령에 몸도 성치 않은 할머니. 돌봐줄 자식도 형제도 없는 것을 생각하면 뒤늦게라도 수급자가 되어 정부로부터 생활비와 병원비 등을 지원받게 된 것이 정말 다행스럽다.

굽은 허리 때문에
계단을 한 번 오르내리면
온 힘이 다 빠지지만
손님 배웅하기를 잊지 않는다.

사람 집엔 사람이 드나들어야
사는 것 같지.

늙은이 잊지 말고 자주 찾아와.

사진 남소연

02

세상이 달라져서
그런 건데
탓하면 뭐해

고재호
1934년생

작고 오래된 집들이 빼곡하게 들어선 서울 서대문구 북가좌동의 한 주택가. 꼬불꼬불한 골목길을 따라 걷다 보니 골목 어귀에서 우리를 기다리시는 고재호 할아버지의 모습이 보인다. 무릎이 튀어나온 낡은 '추리닝' 바지와 후줄근한 점퍼. 빨래는 언제 했는지 한눈에도 땟물이 줄줄 흐르는 옷차림이다.

"과부 삼 년이면 은이 서 말이고, 홀아비 삼 년이면 이가 서 말"이라더니 혼자 남아 늙어가는 할아버지의 모습은 할머니들과는 사뭇 다르다. 가부장적인 우리 사회의 특성상 대부분의 할아버지들이 혼자되기 전에는 할머니의 시중을 받으며 살아왔기 때문에 혼자 사는 삶에 서툴기 마련이다.

돈 없는 늙은이가 보일러를 어떻게 틀어

허름한 단독주택의 지하실 방. 2천만 원짜리 전세방이지만 그중 천만 원은 빚을 얻어 보탠 것이라 매달 5만 원씩 상환을 해야 하는 상황이다. 요즘 집들은 지하방도 '반지하'라고 해서 채광이나 환기가 비교적 잘되게 만들어 세를 주지만, 할아버지가 세 들어 있는 집은 오래전에 지은 집 지하창고를 방으로 개조한 듯 빛이 들어갈 만한 창문 하나도 보이지 않는다.

할아버지가 주워 모아두었다는 빈병이며 넝마며 박스들이 어지럽게 쌓여 있는 계단을 몇 개 밟아 내려가니 나지막한 문이 보인다. 문 위에 '머리 조심'이라는 경고문구가 붙어 있다.

- "머리들 조심해. 문틀이 낮아서 생각 없이 들어오다가는 이마를 부딪치는 수가 있어. 머리에 피 나고 싶지 않으면 잘 보고 들어와."

한겨울인데도 온기 하나 없는 지하방. 하루 종일 햇빛이라고는 한 자락도 들지 않는 방에 난방조차 하지 않아 바닥은 차고 축축했다. 환기도 잘되지 않아 그런지 곰팡내와 하수구 냄새 등 악취가 진동해 머리가 아파왔다.

- "차갑지? 방석 깔아. 그냥 앉으면 냉골이야. 돈 없는 늙은이가 혼자 살면서 보일러를 어떻게 틀어. 아주 추워서 보일러가 얼어 터질 정도가 되면 모를까 웬만해선 틀지 않고 살아."

낡은 방석을 내어주는 할아버지의 손. 굳은살이 박인 굵은 손마디며 터지고 갈라진 손등, 까맣게 때가 낀 손톱이 지난 세월 동안 고단했던 할아버지의 삶을 말해주는 듯하다. 함께 간 사회복지사 손삼열 씨는 할아버지와 격의 없이 친한 듯 자식처럼 참견도 자연스럽다.

"할아버지, 목욕은 언제 하셨어? 더운물 안 나와서 잘 씻지도 않지?"

- "목욕? 한 일 년 됐나? 목욕은 원래 설날 전에 한 번만 하면 되는 거야. 자주 하면 못써. 너무 씻으면 복 달아나."

"근데 할아버지, 지난번에도 그랬잖아, 몸이 가렵다고. 그거 피부병인데 씻지 않고 비위생적으로 생활하면 더 심해지거든."

- "아이구, 고마워 삼열이. 우리 삼열이가 내 걱정 하네. 그러게 온몸에 뭐가 자꾸 나고 가렵고 진물 나고 아주 죽겠어."

얼른 둘러보아도 할아버지의 환경은 비위생적이기 짝이 없다. 세탁기도 없이 손으로 빨래를 해야 하는 데다가 온수도 사용하지 않으니 겨울철 빨래가 쉬울 리 없다. 결국 날이 풀릴 때까지 입던 옷을 그대로 입고서 지내시기도 하는 모양이다. 잘 씻지도 않고 빨래도 자주 하지 않으니 곰팡이균 등으로 생긴 피부병이 온몸에 번진 것이다.

20년을 라면만 먹고 살았어

방 안을 둘러보니 우양재단에서 가져다 드린 쌀봉지와 컵라면이 놓여 있다. 아내가 먼저 세상을 떠난 20년 전부터 라면으로 식사를 때우고 살았다는 할아버지. 남들 하루 세끼 먹을 때 두 끼나 혹은 한 끼를 해결하면 다행이고, 그나마 두 끼니도 라면이 전부였다니 부족한 영양섭취에도 불구하고 지금까지 큰 병 없이 살아오신 것이 신기할 정도다.

할아버지가 사는 모습을 보니 부엌일에 서툰 대부분의 한국 남자들도 홀로 늙는다면 할아버지와 다르지 않게 살 것이라는 생각이 든다. 지금 노년에 들어선 한국 남자들은 어려서부터 밥하고 빨

머리 조심

반지하방 출입구에는 '머리 조심'이라는 경고문구가 붙어 있다.
구부정하게 허리를 숙여야 지나다닐 수 있을 만큼 낮은 천장.
손님이 머리라도 부딪칠까 봐 안절부절못하며
"머리 조심해" "머리 조심해"를 계속 외치신다.

래하고 청소하는 가사에는 거의 관심을 갖지 않았다. 가부장적 사회관습에 따라 남자일과 여자일이 다르다고 생각했기 때문이다.

그러다 어느 날 문득 혼자가 되면 남자들은 당황할 수밖에 없다. 그때까지 단 한 번도 해보지 않았던 일을 손수 하려니 잘될 리도 없고, 잘할 수도 없는 것이다. 조금 전 떠오른 "홀아비 삼 년이면 이가 서 말"이라는 말도 다 그런 사정에서 비롯되었을 것이다.

- "음식을 할 줄 몰라서 그래. 쌀도 갖다주지만 난 라면이 더 좋아. 밥을 하면 김치랑 반찬이 있어야 하지만 라면은 아무것도 없이 그냥 먹어도 되거든. 국 삼아, 밥 삼아, 소주라도 한 병 사면 안주도 되고…… 그러니 라면만 먹고 살았어."

20년을 라면만 먹고 살아왔다는 할아버지가 가장 기다리는 것은 일 년에 한두 번 있는 종교단체나 복지단체 등의 경로잔치 행사다. 그런 자리에서나 라면이 아닌 음식으로 배를 채울 수 있기 때문이다. 아이들이 크리스마스를 기다리고 생일을 기다리듯 할아버지는 복지단체 노인잔치를 기다리신다.

생활능력이 떨어지는 독거노인들에게 끼니를 해결하는 문제는 적잖은 고민거리이다. 스스로 밥과 반찬을 조리할 수 있다면 다행이겠지만 그러지 못하는 경우 할아버지처럼 라면으로 연명을 하거나 매일 김치뿐인 밥상을 마주해야 한다. 김치 역시 봉사단체에서 지원해주지 않으면 먹기 힘들다.

물론 수급자로 등록되어 있다면 정부로부터 일정한 생활비는 물론 반찬이나 도시락, 생활 도우미 등을 지원받을 수 있다. 하지만 할아버지 호적에 부양을 할 수 있는 자식들이 등재되어 있기 때문에 당장 끼니를 해결할 수 없는데도 국가로부터는 전혀 지원을 받지 못하는 것이다.

슬하에 아들 셋, 딸 하나를 두었다는 할아버지. 아이들 키우고 공부시키던 40여 년 전만 해도 커가는 아이들 보는 재미에 손톱이 닳도록 일을 해도 피곤한 줄도 힘든 줄도 몰랐다. 찢어지게 가난한 시골 농부의 아들로 태어났지만 자식들에겐 가난의 설움과 배우지 못한 한을 물려주지 않으려고 내 입에 들어가는 밥조차 아껴가며 벌고 모아 자식들을 위해 썼다. 그 시절만 해도 일흔이 넘은 노후에 홀로 라면으로 끼니를 때우며 살아야 하는 독거노인이 되어 있을 줄은 상상도 할 수 없었다.

- "자식들 생각하면 화도 나고 분하기도 하고 그렇지. 하지만 그런다고 뭐가 달라지나? 길에 나가봐. 나처럼 자식들에게 버림받은 노인이 어디 한둘인지. 요즘 세상이 그래. 세상이 달라져서 그런 건데 탓을 하면 뭐하겠어."

대부분의 독거노인들이 그러는 것처럼, 할아버지 역시 자식 이야기를 드러내길 꺼리셨다. 비록 부모를 버리거나 방치하고 있는 자식일지라도 부모 눈에는 언제나 안쓰럽고 측은한 당신의 분신이

....
아내가 먼저 세상을 떠나고 20년 동안 라면만 먹었다.
음식을 할 줄도 몰랐고, 설거지하기도 귀찮았다.
라면에 달걀 하나 풀고, 가끔 돼지고기라도 몇 점 넣으면 밥도 되고 술안주도 되니까.
부엌 찬장 속 라면 몇 봉지…… 쓸쓸한 식량창고다.

기에 욕하고 원망하기보다는 잘되기를 바라는 것이다. 그래서 칠순이 넘은 아버지에게 명절이나 생일에도 전화 한번을 하지 않는 아들들이지만 자식의 잘못을 이야기하는 것이 편치 않다면서 자식 원망 대신 당신이 살아온 지난 세월 이야기를 풀어내셨다.

도둑질과 사기만 빼곤 다 해봤네

전남 나주의 한 작은 마을에서 가난한 농부의 아들로 태어난 할아버지는 초등학교 2학년 때 해방을 맞았다. 식민치하에서 태어나 일본인들에게 혹독한 차별과 무시를 당해야 했던 조선인의 삶, 유년 시절의 기억은 그것이 전부였다.

> "어릴 때는 마을 서당에 다니면서 《사자소학》을 뗐어. 그 뒤엔 일제치하에서 초등학교 2학년까지 다니다 해방을 맞았지. 다카야마라는 일본 이름이 있었지만 고자이코라고 불렀던 것 같아. 학교에서 조선말 쓰면 죽도록 얻어맞고 그랬어. 일본 선생이 얼마나 무서웠는지 몰라."

해방을 맞고 얼마 되지 않아 한국전쟁이 터지자 그 와중에 병역을 마친 할아버지는 1960년 서울행 열차에 무작정 몸을 실었다. 지긋지긋한 가난을 피해 맨몸으로 고향을 떠난 사람들이 서울로 서울로 향하던 그 시절…… 돈벌이와 출세의 꿈을 안고 무작정 서울행 입석 완행열차에 몸을 실었던 젊은이들 사이에 할아버지도 끼어 있었던 것이다.

당시 서울역에는 너도나도 서울로 가겠다며 무작정 열차를 탄 젊은 남녀들의 발길이 끊이지 않았다. 일자리를 구하지 못한 남자들은 노숙도 불사하며 잡일이나 막노동판을 전전하고, 여자들은 식모살이를 하거나 길을 잘못 들어 사창가로 팔려가는 일도 흔하던 시절이었다.

- "그땐 시골에서 살기가 정말 힘들었거든. 한국동란 나고 몇 년 동안 흉년이 계속돼 시골에서 굶어 죽는 사람이 한둘이 아니었어. 그러다 보니 입 하나라도 더는 게 사는 길이었고 시골의 처녀, 총각 대부분이 너도나도 짐을 싸서 돈을 벌겠다며 도시로 나간 거지. 그땐 시골에 젊은 사람들이 씨가 말랐어. 다들 서울로 가고 노인들만 남아 있었거든."

서울로 가면 살길이 있을 것 같았지만 배운 것도 가진 것도 없이 그저 젊음만 믿고 무작정 상경한 시골 청년에게 서울이 쉽게 자리를 내어줄 리 없었다. 더구나 '전라도 사람'이라는 이유로 당해야 했던 지역차별은 지금은 상상도 하지 못할 만큼 심했다.

- "지금은 덜하지만 그때만 해도 전라도 사람이라는 이

유로 일자리를 주지 않더라구. 일 좀 하게 해달라고 이 가게 저 가게를 기웃거리며 사정하고 다니다가 어찌어찌해서 중국집에 일자리를 얻었고 몇 년 열심히 일을 했지. 그렇게 몇 년 일을 하다가 운 좋게 수도운수에 들어가 배차 일을 하게 된 거야."

고향을 떠나 서울살이를 하면서 도둑질과 사기만 빼고는 안 해본 일이 없다는 할아버지. 중국집 배달부에서 이른바 노가다라고 하는 막노동까지, 세상에 일이라는 일은 안 해본 것도, 못하는 것도 없다는 할아버지는 지금도 못질이면 못질, 페인트칠이면 페인트칠, 시켜만 주면 젊은 사람 못지않게 잘해낼 자신이 있단다.

- "수도운수 배차부에서 10년쯤 일하다가 돈이 좀 모여서 내 가게를 하나 차렸지. '유리, 페인트'라고 유리 끼워주고 페인트칠도 해주고 집수리도 하고……. 당시엔 동네에서 나 모르는 사람이 없을 정도였지. 유리 끼우러 가고 페인트칠하러 가면 서로 다 인사하고 그러는 이웃들이었으니까."

할아버지 인생에서 가장 열심히 살았던 때는 바로 자신의 가게를 열고 부지런히 일하던 그때였다.

- "70년대 중반쯤일까. 당시 우리 애들 용돈 천 원 주면 많이 주는 때거든. 애들 용돈 줄 마음에 점심을 건빵으로 때우고

살았네. 용돈 받고 좋아하는 애들 볼 욕심에 배고픈 것도 모르고 일했던 거야. 그래도 그때가 제일 좋았지."

중국집 잡부로 취직해 식당 의자 몇 개를 침대 삼아 잠을 청했던 젊은이가 서울에 올라온 지 30여 년 만에 남가좌동에 50평짜리 2층집을 장만했다. 얼마나 기뻤을까. 하지만 기쁨도 오래가지 않았다. 호사다마라고 아내가 암으로 세상을 떠나고 만 것이다.

- "88년에 아내가 갑상선암으로 세상을 떠났어. 그 복잡한 심정을 어떻게 말로 다 해. 하자면 끝도 없지. 아직 가기에는 턱없이 젊은 나이였는데⋯⋯."

아내와 사별한 후 할아버지에게는 또 다른 불행이 닥쳤다. 사업을 했던 딸의 빚보증을 서주었다가 어렵게 장만한 집을 날리게 된 것이다. 그 때문에 세 아들과도 사이가 멀어져 연락을 끊고 산 지 오래다. 그렇지만 자식들에 대한 미움이나 원망은 없다.

- "애들 뭐라고 할 수 없어. 세상이 이런걸. 세상이 우리 어릴 때랑은 달라졌잖아. 세상 달라진 걸 어떻게 해. 이런 상황에서 내 자식은 왜 그럴까, 왜 난 이 모양일까 하면서 살아봤자 달라질 게 없어. 그럴수록 마음만 힘들어지거든. 그저 세상이 이런가 보다 하고 포기하고 살면 되는 거야. 딸이나 나나 거지가

됐어. 하지만 지금 와서 아들들에게 손 내밀고 싶은 마음은 없어. 손 벌려봤자 받아주지도 않겠지만 말이야. 부모는 누구나 그래요. 자식이 잘되면 나는 못돼도 괜찮은 거야."

자식 눈치 보며 마음고생하느니

복잡한 가족사 때문에 부모 자식 사이에 연락을 끊고 지낸 지 20년이 다 되어간다는 할아버지. 처음엔 자식에게 버림받은 아비라는 생각에 술로 밥을 대신하며 시름에 빠져 지낸 적도 있지만 어느 날 문득 주변을 둘러보니 당신처럼 자식에게 의지할 수 없어 홀로 살이를 택한 노인들이 적지 않게 보이더란다. 길거리에서 초라한 행색으로 박스를 모으고 빈병을 줍는 노인들 대부분이 당신처럼 자식이 있지만 함께 살 형편이 되지 못해 스스로 집을 나왔거나, 자식들에게서 버려진 노인들이었던 것이다.

핵가족화가 진행되고 경제상황이 악화되면서 가정 안에서 노인들의 위상은 점점 약해지기 시작했다. 예전처럼 자식이 부모의 부양을 책임지기를 바라는 것조차 욕심이 되어버린 지금 부양은커녕 학대와 방치, 무시로 노인 스스로 집을 나가지 않고서는 견디기 힘든 압박이 가해진다는 것이다. 그렇게 집을 나왔거나 버려진 노인들은 고재호 할아버지처럼 실제로 혼자 사는 독거노인이지만 정부로부터 어떤 도움도 받지 못해 추위와 배고픔에 시달리고 있다.

....
TV는 전기세도 아깝고, 전부 젊은이들 취향이어서 잘 보지 않는다.
혼자 있는 방 안에서 다정한 친구 노릇을 해주는 것은 낡은 라디오뿐이다.

- "독거노인들이 자식이 없어서 혼자 산다고 생각하면 오해야. 자식들 눈치 보면서 사람 취급 못 받고 사느니 차라리 굶더라도 혼자 사는 게 편하다는 거지. 자식 눈치, 며느리 눈치, 손자 눈치까지…… 살다 보면 부딪치는 일이 한두 가지가 아니거든. 특히 화장실과 냉장고 사용이 제일 문제야. 손자들 아침에 얼른 씻고 학교 가야 하는데 노인들이 화장실에 떡 들어앉아 있어봐. 애들이 얼마나 싫어하겠어. 하지만 어떡해? 노인들도 참을 수가 없는데 말이야. 냉장고도 그래. 노인들은 먹다 남은 음식을 싸서 냉장고 구석에 넣어두잖아. 버리긴 아까우니까 뒀다가 나중에 먹으려고 그러는 건데 손자들이나 며느리는 그게 더럽다는 거야. 이런 문제들이 자꾸 쌓이다 보면 힘들어지니까 노인들이 집을 나오는 거지."

　노인을 부양하는 가정에서 노인들과 가족구성원들 사이의 갈등은 최악의 경우 가정 해체의 위기로까지 치닫기도 한다. 이는 부양의 부담이 가중되는 저소득층 가정에서 더욱 심하게 나타나는 경향이 있다. 이와 같은 경제적인 요인도 문제가 되겠지만, 시대가 급격히 변화하면서 생활습관의 차이가 커지고, 핵가족화에 따라 노인세대에 대한 이해가 부족해질 수밖에 없으며, 더구나 효에 대한 인식이 점점 희박해지는 것도 큰 원인이라고 할 수 있다.
　급격한 노령화로 노인인구는 점차 늘고 있지만 가정 안에서 노인들의 입지는 점차 줄어들고 결국에는 부담스럽거나 귀찮은 존재로 여겨져 스스로 가족을 버리고 집을 나오거나 가족에게 버림을 받게 되는 현대판 고려장이 늘고 있는 것이다.

자식들과 한집에 살면서 서로 잘 맞지 않아 힘들어하느니 노인 스스로 독거를 선택하는 편도 나쁘지 않다는 게 고재호 할아버지의 생각이다. 경제적인 여유가 있다면 더 바랄 것이 없겠지만 추위와 배고픔, 외로움과 싸우면서도 독거를 선택할 수밖에 없는 이유가 분명히 있다는 것이다.

할아버지 말씀을 듣고 보니 어쩌면 다음 세대들이 노년을 맞을 때쯤이면 노인들의 독거가 새로운 삶의 방식으로 자리 잡게 될지도 모른다는 생각을 하게 된다. 대부분의 독거노인들도 경제적으로 어느 정도 능력만 된다면 자식과 부모 양쪽에게 부담이 되는 동거를 택하기보다 차라리 혼자 사는 것이 마음 편하다고 말한다. 자식 눈치 보고 사는 마음고생이 혼자 사는 외로움보다 더 힘들었다는 것이다.

하지만 혼자 살 수 있을 만한 경제적인 능력을 가진 노인인구는 극히 일부에 불과하다. 대부분의 독거노인들은 경제적인 준비나 대비 없이 독거 상태에 놓이게 되었고, 그러다 보니 매일매일 절대적 빈곤과 싸우며 근근이 살아갈 수밖에 없는 것이다.

■ "매월 받는 노령연금 8만 4천 원하고 경로당 청소(노인일자리사업)해서 받는 돈 20만 원, 오며 가며 폐지, 고철, 헌옷 같은 거 수거해다 팔면 만 원도 되고 몇천 원도 되고…… 그게 전

부야. 먹는 거야 하루 한두 끼 라면만 먹고 산다지만 먹는 데만 돈을 쓰나? 전기요금 아까워서 TV는 잘 켜지도 않아. 라디오만 듣지. 밤에 잠 안 올 때 라디오 음악 틀어놓으면 참 좋아. 위로가 되고 잠도 잘 오고 말이야."

지금도 마음은 청춘이야

방에 불을 넣지 않아 벽에는 습기로 인해 곰팡이가 피고 깔아놓은 이불 역시 눅눅하고 축축하지만 할아버지는 보일러를 돌릴 수가 없다. 12월부터는 매달 20만 원의 월급을 받았던 노인일자리사업도 중단되어 그나마 들어오던 돈도 끊기기 때문에 지금보다 더 허리띠를 졸라매야 살 수 있다는 것이다. 난방비 걱정, 전기료 걱정으로 겨울이면 독거노인들의 걱정은 산처럼 쌓여만 간다. 그럼에도 불구하고 할아버지는 겨울이 한편으로 무척 기다려진다고 한다.

- "설날이 한 달에 한 번씩 있었으면 좋겠어. 아니, 매일 설날이면 좋겠어. 그런 날이면 독거노인들 불러다가 맛있는 음식도 주고, 같이 놀아도 주고, 아주 우리를 재미있게 해주잖아. 우리 같은 늙은이들 누가 그렇게 놀아주고 대우해주고 그래."

환갑잔치, 칠순잔치는 물론 해마다 돌아오는 당신 생일조차도 챙겨보지 못하셨다는 할아버지. 활달하고 밝은 성격 탓에 어딜 가든 좌중의 인기를 독차지해 '술안주'라는 별명도 얻었지만, 혼자 살게 된 후로는 그런 즐거운 자리에 초대될 일이 없어서 누군가 불러 밥이라도 대접해주는 날이 기다려진다는 것이다.

- "지금도 마음은 청춘이야. 노가다든 경비든 맡겨만 주면 잘할 자신이 있지. 젊은이들보다 부지런하고 꼼꼼하게 할 자신이야 있지만 요즘 젊은이들도 놀고 있는데 우리 같은 늙은이를 누가 쓰겠어. 아무리 젊어서 기술이 좋았어도 늙으면 그걸 써먹을 데가 없어. 취로사업에 나가거나 폐지를 줍지 않으면 돈 나올 데가 없는 거지."

동네를 다니다 보면 버려진 폐지나 공병을 두고 서로 자기 것이라며 싸우는 노인들도 적지 않게 만나게 된다고 한다. 당장 먹고살 것이 없는 상황이 아닌 노인들마저 너도나도 폐지수거에 나서는 모습을 보면 마음이 많이 아프다는 할아버지.

- "난 그래. 그거 싸워가며 서로 뺏고 그러고 싶지 않아. 솔직히 당장 폐지 줍지 않아도 살 만한 사람들도 많거든. 부탁하고 싶은 게 있어. 먹고살 만하면 폐지 정도는 진짜 없는 사람들 주워다 먹고살게 좀 내버려둬 달라고 말이야. 조금만 서로 배려하면 살 만할 텐데 말이야……."

....
어린 꼬마가 웃고 있는 졸업식 사진을 한참 들여다본다.
"우리 손녀야. 이젠 다 컸지. 며칠 뒤면 대학교 졸업하는데……."
담담하게 이야기를 꺼내는가 싶더니 이내 눈물이 맺힌다.

어느 때부터인지 고재호 할아버지처럼 스스로 자식들에게 의탁하기를 거부하는 자발적 독거노인들이 늘고 있다. 지금도 시골에 가보면 도시로 간 자식들에게 의탁하지 않고 시골집에 남아 고향을 지키면서 살겠다는 노인들을 쉽게 만날 수 있다. 이는 당신들이 살아왔던 터전을 떠나기 싫은 마음도 크지만 이미 오래전 집을 떠나 도시에서 가정을 꾸리며 살고 있는 자식들의 공간에 손님처럼 불쑥 끼어드는 것이 불편하기 때문이다.

도심 역시 마찬가지다. 저소득층이 주로 사는 달동네의 값싼 방에 세 들어 살고 있는 독거노인들 중 대부분이 자식들과 함께 살기가 어렵고 부담스러워 스스로 보따리를 싼 노인들이다. 이들은 젊은 시절 도시빈민으로 살았기에 자식들에게 가난을 대물림했다는 죄책감을 가지고 있다. 물려준 것도 없는데 짐이 되고 싶지 않다는 것이 노인들의 마지막 남은 자존심인 것이다.

핵가족화와 맞벌이 가정의 증가 역시 홀로 사는 노인들이 늘어나는 원인이다. 먹고사는 데 쫓기다 보니 노인들이 가정 안에서 보살핌을 받기보다는 무시와 학대를 받는 일도 빈번하게 일어난다. 그러다 보니 많은 노인들이 집을 나와 홀로살이를 택하고 있고 그마저도 하지 못한 노인들은 하루 종일 해가 질 때까지 빈속으로 거리를 배회하거나 공원에서 시간을 보내야 한다.

이런 노인들의 주머니 사정은 딱하기만 하다. 8만 4천 원의 노령연금이 수입의 전부이다 보니 여유로운 노후는커녕 밥 한 끼 해결하기도 쉽지 않은 것이다. 배고픈 노인들은 무료급식소로 몰리고 그나마 무료급식소에 갈 만한 건강도 되지 못한다면 꼼짝없이 굶어야 한다.

자고 나면 빌딩이 세워지고 텔레비전에서는 연일 다이어트를 하라는 방송이 넘쳐나는 시대. 그러나 우리 사회 구석구석에는 여전히 극심한 영양실조에 시달리며 매일 끼니를 걱정해야 하는 노인들이 살고 있다. 더 두려운 사실은 이들의 존재조차 점점 잊혀가고 있다는 것이다.

동네를 다니며
폐지와 헌옷, 고물을 주워온다.
내다 팔면 몇천 원이라도
손에 쥘 수 있으니까……

하지만
서로 자기 것이라며
싸우는 노인들을 볼 때면
마음이 편치 않다.

사진 권우성

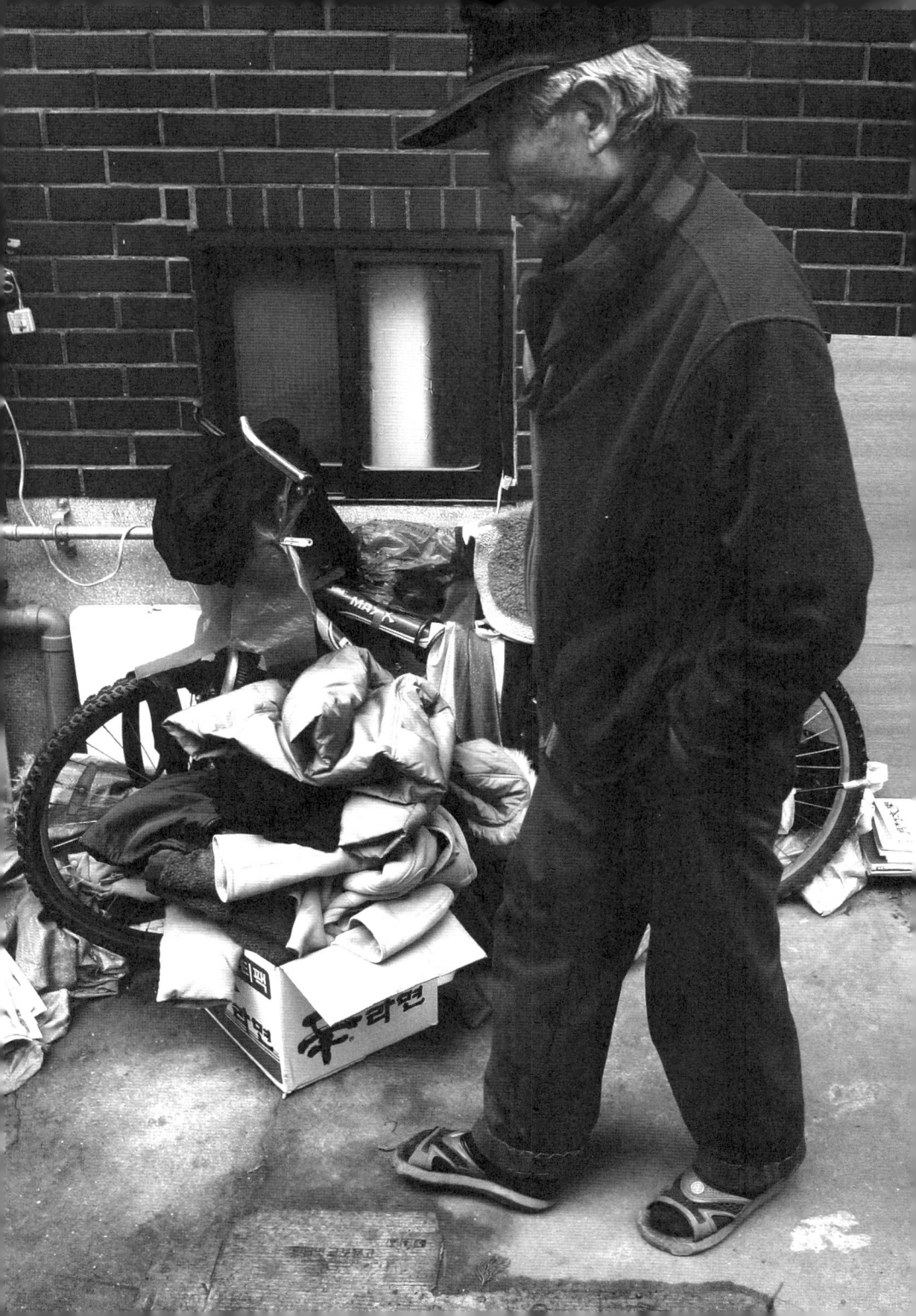

03

속이 타고
또 타서
재가 되었을 거야

주삼순
1942년생

긴 복도를 따라 현관문들이 다닥다닥 붙어 있는 임대아파트에는 작은 평형의 가구들이 밀집해 있다. 덜커덩 소리를 내는 낡은 엘리베이터를 타고 현관에 이르니 할머니가 기다렸다는 듯 반갑게 문을 열어주신다.

서울 마포구 성산동의 한 임대아파트. 1991년에 지은 이 아파트는 기초생활수급자에게 장기 임대되고 있으며, 주민들 가운데 35퍼센트 이상이 수급자이거나 조건부수급자인 빈곤층이다. 장애인,

소년소녀가장, 모자가정, 조손가정, 독거노인…… 임대아파트에 거주하고 있는 1800여 가구 하나하나마다 어찌 눈물 나는 사연과 곡절이 없을까마는 예순여덟 주삼순 할머니는 그중에서도 유난히 어렵고 힘든 세월을 살아온 노인이다.

한 달 20만 원을 아무리 아껴 써도

골목처럼 세로로 배치된 좁은 부엌은 낮에도 형광등을 켜지 않으면 아무것도 보이지 않을 정도로 어두웠지만 할머니는 전기료가 아까워 아주 깜깜해지기 전에는 불을 켜지 않는다고 한다. 문이 굳게 닫힌 작은방 바로 옆에 할머니 방이 있다. 방이고 부엌이고 어디고 사방 한 걸음 안에 모두 배치되어 있지만 할머니 방은 다행히도 남향이라 형광등을 켜야 할 만큼 어둡지는 않다. 다만 다른 독거노인들과 마찬가지로 난방비가 아까워 보일러를 트는 대신 전기장판에 의지해 잠깐씩 언 몸을 녹이기에, 전기장판이 아닌 곳에 발을 디디면 서 있지 못할 만큼 발이 시려오는 것이 문제다. 불김 없는 바닥에서 습기가 올라올까 봐 전기장판 위에 서너 겹의 이불을 덮어놓으신 할머니. 이불 한 자락을 들어 올려주며 발을 넣으라고 하신다.

할머니는 이 임대아파트에서 몸이 편치 않은 아들과 고등학교 3학년짜리 손자와 함께 살고 있다. 원래는 할아버지와 둘이 살았지만 10여 년 전 아들이 상처를 하면서 돌볼 사람이 없어진 손자를 맡아 키웠고 5년 전 할아버지가 병으로 돌아가시고 난 후에는 아들까지 들어와 지금은 세 식구가 함께 살고 있다.

부인을 잃은 아들은 처음 몇 년간은 도배 일을 다니며 생활비와 아들의 학비를 대주기도 했지만 일터에서 큰 사고를 당해 아예 자리에 누워 있게 된 후로는 일은 생각도 못하고 오히려 할머니가 병원비와 약값을 대줘야 하는 형편이다. 기초생활수급자로 월 40만 원의 국가보조금을 받지만 그중 20만 원을 임대료와 관리비로 납부하고 나머지 20만 원으로 손자 학비, 아들과 당신의 약값, 생활비까지 충당해야 하는데, 아무리 아끼고 아낀다고 해도 다른 수입이나 도움이 없이 살기는 불가능해 보인다.

당신의 딱한 사정을 조곤조곤 말씀하시던 할머니는 아들은 잠깐 집을 비웠지만 학교에서 돌아온 손자가 작은방에서 공부하는 중이라며 작은 소리로 이야기해줄 것을 당부하신다. 혹시라도 청소년기에 있는 손자에게 상처가 될까 걱정하시는 것이다.

■   "수능 보고 지금 결과를 기다리고 있어요. 할머니 손에 자라다 보니 다른 아이들처럼 공부도 많이 시키지 못했지. 학원 같은 건 생각도 못하고……. 그래도 우리 손자가 착하고 공부도 잘해서 선생님들이나 주변 어른들이 많이 도와줬어. 대학에 붙어도 사실 문제이긴 하지만 그래도 합격했으면 좋겠어. 욕심이지?"

어려운 환경에서도 오직 손자 하나 잘 커주는 것만이 희망이었다는 할머니. 어느새 다 자라 대학 진학을 앞두고 있는 손자가 대견하기도 하지만, 한편으로 엄마 있는 아이들처럼 넉넉하게 뒷바라지 못해준 것이 마음에 걸려 늘 안쓰럽고 측은하다. 당신의 굽이굽이 살아온 이야기와 지금 처한 어려운 형편을 혹시라도 손자가 듣고 마음 아파할까 봐 목소리를 낮추시는 할머니. 얼마 전에 세상을 떠난 이웃집 할머니 말고는 누구에게도 해본 적 없는 가슴속 이야기를 조심스레 꺼내놓으신다.

빛바랜 사진 속 꽃처럼 고운 처녀

- "나처럼 모진 인생 살아온 사람도 없을 거야. 살면서 모진 걸 너무 많이 봐서 몸도 마음도 병이 들었어."

할머니의 고향은 서울 창천동. 서울 토박이다. 어린 시절의 다른 기억들은 모두 희미해졌지만 아홉 살에 겪었던 전쟁의 기억은 마치 어제 일인 양 생생하다.

- "아홉 살 먹고 6·25가 터졌는데 제주도까지 피난을 갔어. 제주도에 친척이 살았거든. 참 이상한 건…… 제주도는 인민군이 쳐들어와 사람을 죽이는 게 아니고 마을 사람들끼리 서로

내가 모진 인생을 살아서 그런가.
테레비에서 울고 짜고 그러면 딱 질색이야.

그렇게 잡아다 죽이더라구. 이집 저집 들이닥쳐서 숨어 있는 사람까지 찾아다 산비탈에 모아놓고 죽이는데…… 총으로도 쏘고 죽창으로 찌르기도 하고…… 지금도 생생해. 산비탈에 피가 낭자한 시신들이 얼마나 끔찍했던지."

당시 아홉 살 어린 소녀였던 할머니의 눈에 비친 제주도 보도연맹사건(1950년 8월 20일). 60년이 흐른 지금까지 악몽을 꾸게 할 정도로 끔찍했다. 전쟁을 피해 들어간 제주도에서 북한군의 만행보다 더한 남한 사람들끼리의 살육 현장을 보았던 것이다.

휴전이 되고 다시 집으로 돌아왔지만 살길은 막막했다. 집도 학교도 사라져버린 폐허에서 다시 일어나야 했던 사람들. 전쟁 속에서 살아남긴 했지만 폐허가 된 서울로 돌아온 사람들은 전쟁보다 무서운 배고픔과 싸워야 했다.

- "꿀꿀이죽이나 우유죽도 얻어먹기 쉽지 않았지. 먹을 것도 없는데 학교를 갈 수 있나? 그땐 학교도 다 폭격을 맞아서 교회나 공터에 천막을 치고 공부하고 그랬어. 그런 학교라도 보냈으면 갔겠지만 여자들은 공부를 시키지 않았던 때거든. 그저 집안일이나 시키다가 시집보내면 된다고 생각했으니까. 그나마 등 너머로 가갸거겨 뗀 것도 다행이지 뭐."

총알과 포탄이 난무하던 한국전쟁에서도 목숨을 부지했던 할머니는 열여섯 꽃다운 나이에 빨래터에서 불귀의 객이 될 뻔한 사고를 당하게 된다. 마포나루에 새우젓배가 들어오던 시절, 청명한 날이면 마포나루 옆 빨래터는 빨랫감을 머리에 이고 나온 여인네들로 언제나 붐비곤 했다. 답답한 집 안에 갇혀 살림만 했던 그 시절 여인들에게 한강 빨래터는 일터인 동시에 놀이터였다.

- "그날 아침 일찍 빨랫감을 이고 가서 부지런히 빨래를 했지. 날씨가 좋으니까 백사장 모래랑 바위들이 달구어져서 빨래를 널어놓으면 금방 마르거든. 빨래를 다 해서 널어놓고, 머리를 감으려고 허리를 숙였는데 나도 모르게 휘청하더니 물에 빠져버린 거야. 그걸 본 사람이 그러는데 내가 허우적거리면서 세 번이나 물에 들어갔다 나오더래."

열여섯 어린 나이에 물에 빠져 처녀귀신이 될 뻔했다며 아찔했던 당시를 회상하는 할머니. 다행히도 처녀귀신이 될 운명은 아니었던지 근처를 지나던 군인들의 눈에 띄어 익사를 면했다.

- "근처를 지나던 군인들이 처녀가 물에 빠졌다니까 서로 구하러 달려와 물에 뛰어들었다더라구. 거의 죽다 살았어. 정신을 차리고 한참을 쉬었다가 해저물녘이나 되어서 집에 들어가니 식구들이 뭐 하다 이제 왔느냐고 얼마나 뭐라던지……."

이야기를 하다 말고 뭔가 생각난 듯 주섬주섬 서랍을 뒤지시는 할머니. 누렇게 퇴색한 사진 한 장을 꺼내 보여주신다. 사진 속엔 갓 피어난 목련꽃처럼 고운 처녀가 들어 있다. 할머니였다.

- "열예닐곱이나 먹었을까. 친구를 따라 사진관에 갔는데 사진관 아저씨가 날 보더니 사진 좀 찍고 가라는 거야. 한복도 입혀서 찍고, 해군복도 입혀서 찍고…… 그때 찍은 사진이야. 그렇게 찍은 사진이 사진관에 한참 동안 걸려 있었지. 다른 옷 입고 찍은 사진도 여러 장 있었는데 겨우 이거 한 장 남았네."

지금은 늙고 병들어 젊은 시절의 아름다움도 건강함도 찾아볼 수 없지만 그 시절을 담아둔 사진을 가끔씩 꺼내어 보며 추억하는 것만으로도 위안이 되신다는 할머니. 열아홉, 스무 살 무렵만 해도 동네에서 며느릿감으로 서로 탐내는 아가씨였지만 결혼 후의 인생은 기억하고 싶지도 되돌리고 싶지도 않은 악몽이었다.

자식 둘을 가슴에 묻고

예쁘고 일 잘하고 싹싹하기로 소문난 할머니에게 들어온 많은 혼처 중에 부모님이 선택한 사윗감은 여섯 살 많은 택시기사 총각이었다. 그만하면 나이 차이도 적당하고 무엇보다 당시 택시기사의 월급이 어지간한 공무원들보다 높아서 좋은 신랑 만나 시집간 다는 소문이 자자했다.

- "그땐 자동차도 많지 않았고 운전하는 사람도 별로 없어서 택시운전사라면 알아주던 때였지. 일단 현금을 만지고…… 택시운전사가 최고의 신랑감이라는 말도 있었으니까. 제복을 입고 나갈 때면 말쑥하니 내가 봐도 멋있었지. 그래서 그런지 여자가 그렇게 꼬이더라구……."

택시운전사라는 안정적인 직업이 있는 남자와 결혼을 했으니 아들딸 낳고 남들처럼 검은 머리 파뿌리 되도록 알콩달콩 살면 될 줄 알았다. 하지만 남편은 가정에 충실한 사람이 아니었다. 하루가 멀다 외박을 하고 심지어는 잔소리를 한다는 이유로 구타까지 일삼았다. 택시운전으로 번 돈을 모두 외도에 써버리고 가족들은 먹는지 굶는지 알지 못하는 가장이었던 것이다. 결혼생활의 고난은 그뿐이 아니었다. 시어머니는 물론 손윗동서까지 혹독한 시집살이를 시키는 통에 눈물 마를 날이 없었다.

- "시댁이 흑석동이었는데 그 동네는 이상하게 물이 짜서 밥을 해도 맛이 없고 빨래를 해도 비누 거품이 일지 않아. 그래서 물지게로 물을 져다 밥을 해먹었어. 동막(지금의 용강동)이나 효창공원 안에 있는 약수터까지 가서 물지게를 져 왔지. 공동

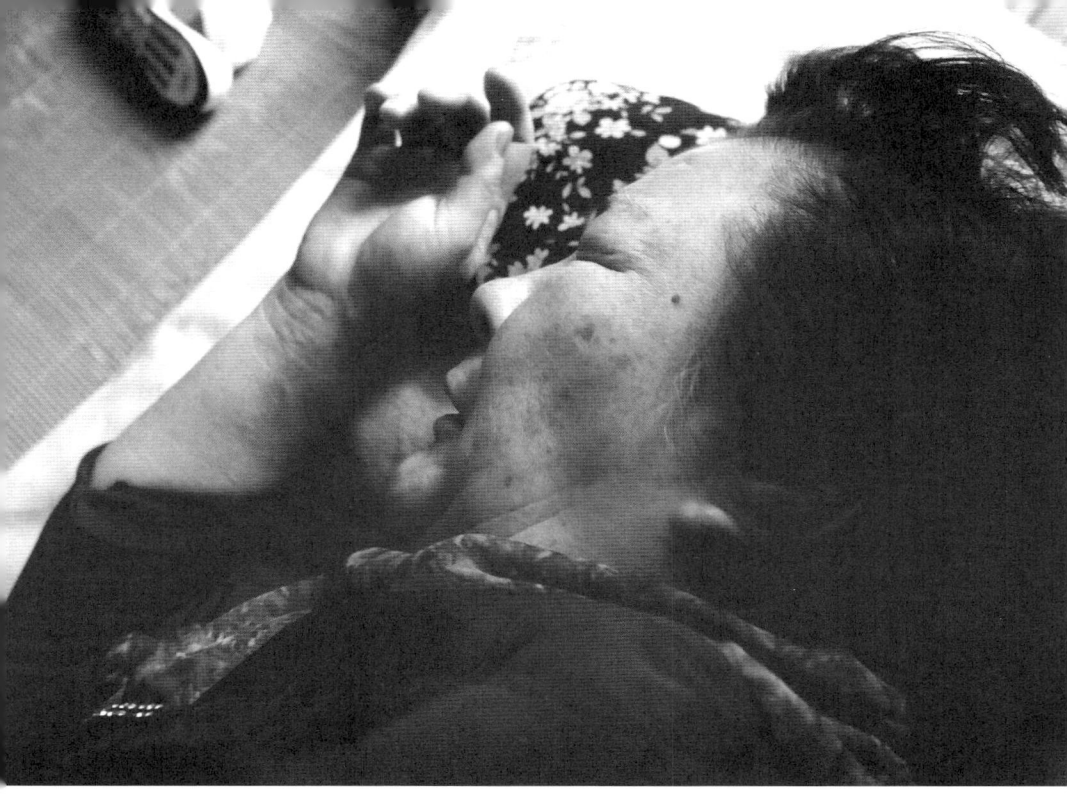

....
아들도 며느리도 손자도 먼저 가슴에 묻어야 했던 모진 세월……
몸도 마음도 병이 들었다.

수도에서 수돗물 한 지게에 5원인가 받았거든. 지금은 흔하고 싼 게 물이지만 그땐 물도 얼마나 귀했는지 몰라."

흑석동 언덕 위 판잣집까지 가족들이 먹을 물을 져 나르는 일은 오로지 할머니의 몫이었다. 어깨에 굳은살이 박이도록 물을 져 날랐지만 돌아오는 것은 싸늘한 시집식구들의 시선과 남편의 구타뿐이었다. 할머니는 지금 생각해도 그때 왜 그렇게 시어머니와 손윗동서 그리고 남편이 자기에게 모질게 굴었는지 이해할 수 없다.

남편은 가정에 관심이 없었고 시집살이도 혹독했지만 그러던 중에도 할머니는 4남매를 낳았다. 그러나 지금 할머니 슬하엔 딸 하나와 아들 하나만 남았을 뿐이다.

▪ "낳기는 넷을 낳았지. 아들 셋, 딸 하나. 둘째 아들을 얻고 좋아했는데 잃고 말았어. 큰동서가 업고 마실을 나갔는데 데려와보니 애가 죽은 거야. 애를 업고 나가다 머리를 부딪친 것 같은데 다친 줄도 모르고 그냥 업고 돌아다녔더라구. 집에 와 아이를 풀어놓고 보니 아이가 죽어 있는데…… 살려보려고 병원으로 한의원으로 울며불며 뛰어다녔지만 소용없더라구."

지금 할머니와 함께 살고 있는 아들은 첫째 아들이다. 어릴 적부터 몸이 약해 엄마 마음을 무던히도 많이 아프게 했지만 비록 아픈 몸이나마 곁에 오래 남아 있어주는 것만으로도 고마운 자식이

다. 둘째와 터울이 얼마 지지 않은 셋째 아들마저 일찍 저세상으로 떠나보냈으니 엄마 곁에 오래 살아주는 아들이 소중할 만도 하다. 하긴 부모보다 먼저 세상을 뜨는 것보다 더 큰 불효가 또 어디 있으랴.

- "셋째는 입학통지서 받아놓고 학교도 못 가보고 죽었어. 시어머니가 애를 때려서……."

자식을 잃어보지 않은 사람은 죽은 자식을 가슴에 묻고 살아야 하는 어미의 심정을 알지 못한다. 할머니는 수십 년도 더 지난 일이지만 한번 피어보지도 못하고 세상을 떠난 셋째 아들을 생각하면 지금도 명치끝이 쓰리고 눈물이 복받친다.

- "할머니가 참 모질기도 했지. 아이가 가게 앞에서 남 먹는 거 쳐다본다고 궁둥이를 때려줬다는데 얼마나 매정하게 때렸는지 아이가 일어서질 못하는 거야. 일으켜 세워놓으면 푹 쓰러지고, 푹 쓰러지고…… 온몸에 힘이 빠져나간 것처럼 그냥 쓰러져버리는 거야. 애를 업고 병원으로 한의원으로 돌아다니다가 결국엔 세브란스병원에서……."

눈에 넣어도 아프지 않을 것 같은 아들을, 그것도 피지도 못한 어린 나이에 둘씩 떠나보내고 더는 살 용기가 나지 않았다는 할머니. 그 후로 딸을 하나 더 얻었지만 마음 한구석에 남아 있는 상처로 살아도 산 것 같지 않은 인생이었다.

- "내 가슴속을 열고 들여다보면 시커먼 재가 가득할 거야. 속이 타고 또 타서 재가 되었을 거야."

자식을 둘씩이나 가슴에 묻고 슬픔에 삶을 가누지 못하는 할머니에게 남편은 눈곱만큼의 위로도 되어주지 못했다. 아내와 남은 자식들을 버리고 택시운전을 하다 만난 여자와 딴살림을 차려 나가버린 것이다.

한창일 때 가정을 나 몰라라 바깥으로만 돌던 미운 남편은 나이 들고 돈 떨어지고 깊은 병까지 든 몸이 되어서야 슬그머니 본처에게 돌아왔다. 무책임한 남편 때문에 가장 아닌 가장 노릇까지 해야 했고 남편이 세상을 떠나기 전까지 병수발도 들어야 했지만 그것도 다 사나운 팔자 탓이려니 하며 살아온 한 많은 세월이었다.

- "남편은 집에 돈이라고는 갖다주지 않지, 애들하고 나는 살아야겠지, 고생도 고생도 죽도록 하고 살았네. 한강다리 놓을 때 거기 가서 몇 년 노동일을 했어. 리어카 끌고 돌도 나르고, 또 여기 마포천 둑 쌓을 때도 얼마나 고생했는지 몰라. 개천은 바닥이 진흙이라 삽질도 잘 안되거든. 구루마에 실으면 무겁긴 얼마나 무거운지……"

불쌍한 우리 손자 잘 부탁해

　가슴에 묻은 자식들을 위해 눈물 흘릴 새도 없이 슬하에 남아 있는 딸 하나와 아들 하나를 위해 손톱이 닳도록 삽질을 했고, 허리가 끊어지도록 리어카를 밀어야 했다. 그렇게 열심히 살았으니 장성한 아들이 결혼하고 나면 더 이상 고생은 하지 않아도 되려니 기대했던 것도 사실이다. 그러나 자식 역시 할머니 등에 얹힌 삶의 무게를 줄여주진 못했다. 할머니의 반대에도 불구하고 건강이 좋지 않은 여자와 결혼을 강행했는데 3년 만에 며느리가 손자 둘만 남긴 채 세상을 떠나고 말았던 것이다.

- 　"며느리가 몸이 약했어. 결혼 전엔 그게 마음에 들지 않아 반대도 했지만…… 결국 결혼생활 몇 년 하지도 못하고 세 살 먹은 녀석이랑 돌 된 녀석, 이렇게 손자 둘만 남기고 가버렸잖아."

　남은 두 아이를 키우며 두 아들을 잃은 슬픔을 간신히 잊어갈 즈음 며느리를 앞세우게 된 할머니. 젊은 나이에 어린 자식을 두고 눈을 감아야 했던 며느리의 인생도 슬펐지만, 남겨진 어린 두 손자와 절망감으로 망연자실해 있는 아들을 지켜보아야 하는 마음은 더 아팠다. 그리고 얼마 지나지 않아 찾아온 또 하나의 죽음은 할머니의 인생을 더 이상 살고 싶지 않은 삶으로 만들어버렸다. 며느리의 사십구재를 치르던 날, 돌을 갓 넘긴 손자마저 엄마를 따라 가족들 곁을 떠나버린 것이다.

- "지 에미 사십구재 날 작은 녀석이 지 에미를 따라 가버렸어. 살려보려고 애를 썼지만 끝내 돌아오지 않더라구. 어린 것이 불쌍하기도 하지."

어릴 적부터 몸이 약했던 아들은 아내와 자식을 떠나보낸 충격으로 몸이 상할 대로 상해 몸져눕게 되었고, 할머니는 아픈 상처를 보듬을 새도 없이 남겨진 손자를 돌봐야만 했다. 아들이 몸을 추스르고 지방으로 품을 팔러 다니긴 했지만 일거리가 많지 않아 생활비를 보내주는 것도 기대할 수 없었던 터라, 슬픔에 젖어 있을 새도 없이 생활비를 벌기 위해 어린 손자를 업고라도 일을 다녀야 했다.

- "애 업고 다니면서도 꾀 안 부리고 일했어. 공사장에서 망치질도 하고 건물 청소도 하고 시키는 일이면 뭐든지 했어. 혹시라도 눈 밖에 나면 나오지 말라고 할까 봐 정말 열심히 했지."

마포구청에서 제공하는 공공근로 일거리는 모두 한번씩 해봤다는 할머니. 아이가 있어서 일 못한다는 소리를 들을까 봐 다른 사람보다 몇 배는 더 부지런히 일한 덕에 성실하고 일 잘하는 할머니로 불리며 일거리가 끊이지 않았다고 한다.

▪   "교통사고가 나서 병원에 입원해 있다가도 손자 때문에 그냥 나왔어. 애가 전화로 '할머니 빨리 와' 하면서 우는데 도저히 병원에 누워 있을 수가 있어야지. 의사가 퇴원하면 안 된다고 말리는데도 뿌리치고 휠체어를 타고 나와버렸어. 애가 눈에 밟혀서 도저히 병실에 누워 있을 수가 없더라구."

병실에 가만히 있느니 누워 있더라도 손자 곁을 지켜주고 싶었다는 할머니. 그때 충분히 치료를 받지 못해 지금까지 매일 한 주먹씩 약을 먹어야 할 만큼 후유증에 시달리고 있지만 잘 자라준 손자를 보면 역시나 그때 퇴원하길 잘했다는 생각이 든다.

할머니는 손자를 생각하면 늘 가슴이 아프다. 엄마 아빠 손을 잡고 학교에 입학하는 아이들을 볼 때 가슴이 아팠고, 엄마 품에서 응석부리는 아이들을 볼 때면 더욱 가슴이 아팠다. 할머니로서 최선을 다했지만 엄마의 빈자리가 아이에게 얼마나 큰 상처를 주었을지 충분히 짐작할 수 있기 때문이다.

손자의 상처는 그뿐이 아닐 것이다. 한창 남의 눈을 의식하는 사춘기 청소년에게 영구임대아파트에 산다는 것은 아예 집이 없는 것보다 더 큰 상처가 되기도 한다. 영구임대아파트가 전세나 월세를 살 만한 경제적 여유가 없는 빈곤층들이 모여 사는 아파트라는 것을 어린 초등학생들도 알고 있기 때문이다. 임대아파트와 시영

꽃같이 고왔던 처녀 시절.
가끔 사진을 꺼내어 보며 위안을 삼는다.

아파트 아이들이 함께 다니는 인근 초등학교에서는 시영아파트에 사는 아이들에게는 '시영이', 영구임대아파트에 사는 아이들에게는 '영구'라고 별명을 붙여 놀리기까지 한다니 그걸 아는 할머니의 심정이 오죽했을까 싶다.

- "손자 하나 있는 거 어떻게든 잘 키워보려고 무진 애를 썼어. 분유도 실컷 먹이지 못해서 그런지 애가 작고 약하긴 하지만 저렇게 자라준 것이 고맙지."

며느리가 세상을 떠나고 나서 아들도 하나 남은 아이를 데리고 어떻게든 살아보려고 애를 썼지만 쉽지 않았다. 어려서부터 병약해 병치레를 자주 하던 아들이 몇 년 전에 공사장 일을 하다 고막이 터지고 척추가 내려앉는 큰 사고를 당한 것이다. 많지는 않지만 조금씩 생활비를 보태주던 아들마저 병석에 누워 지내게 되면서부터는 아들과 손자의 뒷바라지는 온전히 할머니 몫이 되었다. 수급자라서 국가로부터 40만 원의 생활비 지원을 받고 있지만 임대아파트의 월세 20만 원을 빼면 난방은커녕 세 식구가 먹고살기도 빠듯한 상황. 할머니가 공공근로라도 나가지 않으면 공과금조차 낼 수 없는 형편이다.

더구나 교통사고 후유증으로 얻게 된 관절염과 허리통증, 고혈압과 당뇨병은 이미 고질병이 되었지만 한 주먹씩 되는 약으로 통증을 가라앉힐 뿐 병원에서 권하는 본격적인 치료는 생각할 수도 없다. 당장 병원에 입원하게 되면 병원비도 걱정이거니와 집에 있는 병든 아들과 손자 뒷바라지를 해줄 사람이 없기 때문에 한가하게 병원에 누워 수술받고 치료받을 처지가 못 된다고 한다.

그래도 당신은 이미 늙어 저승 갈 날이 얼마 남지 않았으니 혹시라도 누군가 당신의 이야기를 듣고 도움을 주길 원하거든 엄마 없이 자란 불쌍한 당신의 손자를 도와주었으면 한다며 간절한 마음에 내 손을 꼭 잡으신다.

▪ "우리 손자가 나중에 어른이 되면 꼭 성공해서 할머니 편안하게 모실 거라고 그랬어. 그러니까 할머니보고 건강하게 오래만 살아달래. 말만 들어도 얼마나 고마운지 눈물이 날라 그래. 우리 손자 어렵게 살았지만 착하고 공부도 잘하고 속 썩이는 일 없이 잘 자랐어. 우리 손자 잘되는 거 보고 죽어야 하는데…… 매일 기도가 그거야. 우리 손자가 훌륭한 사람 되어서 그동안 도움받은 것처럼 남들도 돕고 살 수 있게 해달라고 말이야."

자식 둘 가슴에 묻고 손자만 보며 살았다.
에미 없이 키우느라 뼈마디가 다 녹았지만
유일한 희망이다.

손자가 훌륭한 사람이 되어 다른 이들을 도우며 살 수 있기를 기도하고 또 기도한다.

사진 남소연

04

이불 속에서 불러요 "아들아, 내 아들아"

임현순
1939년생

서울 서대문구 북가좌동 주택가 반지하방에 세 들어 살고 있는 임현순 할머니. 만나고 싶다는 부탁을 몇 번이나 거절하셨던 할머니는 원래 말이 없고 조용한 성품인 데다가 대부분의 시간을 집에서 혼자 보내신다. 지난날에 대한 슬픔과 회한으로 화병과 우울증이 깊어질 대로 깊어진 상태다.

최근에 와서는 증상이 심해져 잠을 제대로 이루지 못하고 식사도 잘 못하며 대인기피증까지 보이고 계시는 할머니. 초라해진 당신의 삶에 지쳐서인지 말하는 것도 웃는 것도 잊어버린 듯했다. 매일 밤을 눈물로 지새우는 것이 일상이 되어버렸다는 할머니는 최근에 와서야 불안한 심리상태를 감지한 사회복지사의 권유에 따라 매주 한 번씩 심리치료를 받고 있다.

사회적 무관심과 경제적 어려움으로 생기는 노인들의 우울증은 고령화의 속도만큼이나 높은 증가세를 보이고 있다. 노인들의 우울증은 대부분 경제상태와 건강에 많은 영향을 받게 된다. 그러다 보니 직업이 없고 사회적 지위가 낮으며 경제적으로 빈곤한 처지에 있는 독거노인들의 우울 정도는 그렇지 않은 노인들에 비해 높을 수밖에 없다. 노인복지가 '밥'에 머물러서는 안 되는 이유가 바로 여기에 있다.

슬픔과 회한이 우울증으로

우울증 때문인지 다른 분들에 비해 유난히 기운이 없어 보이는 할머니. 묻는 말에도 대답 대신 굵은 눈물을 뚝뚝 흘리셔서 바라보는 사람조차 눈시울이 붉어지게 하신다.

- "이야기하면 뭘 해. 눈물만 나고 가슴만 아프지."

아무 말 없이 한동안 눈물만 흘리시던 할머니. 그동안 누구에게도 당신의 아픈 가슴을 드러내 보인 일이 없기에 가슴속 깊은 곳에 꾹꾹 눌러 담아둔 당신의 이야기를 꺼낼 생각에 벌써부터 설움이 북받치는 듯했다.

- "내 가슴이 시퍼렇게 멍들고 시꺼멓게 숯이 되어도 죽을 때까지 담고 가려고 했어. 이렇게 슬픈 이야기를 들어 뭐하겠어. 나같이 바보 같고 모자란 사람이 또 어디 있다고."

할머니의 가장 아픈 곳은 자식들이다. 지금은 한국에 없다는 두 아들을 향한 그리움과 원망이 가슴속 병이 되었다는 할머니. 그래서 '아들'이라는 말만 나와도 가슴이 먹먹하고 눈물부터 흐른다.

젊어서 남편을 잃은 할머니는 가난하고 어려운 살림이었지만 딸과 두 아들을 위해 뼈마디가 부서지도록 일을 했다. 그렇게 열심히 살면서 손발이 다 닳도록 고생을 했지만 어찌 된 일인지 칠순의 노구가 된 당신의 삶은 외롭고 고달프기만 하다. 엄마 곁을 떠나 찾아갈 수도 없는 먼 나라로 가버린 모진 두 아들. 홀로 남겨진 엄마를 돌보기는커녕 제 살기도 어려운 형편에 엄마에 대한 과중한 부담감까지 갖게 된 때문인지 엄마를 원망하며 엄마의 존재를 힘들어하는 딸.

삶의 희망이었고 의미였던 자식들에게서 외면당했다는 자괴감에 차라리 이쯤에서 생을 접고 싶은 생각도 하게 되지만, 사는 것만큼 죽는 것도 쉽지 않아 하루하루 힘든 시간을 보내고 있다는

없는 살림이지만 모처럼 찾아온 손님이 반가워 차 한잔을 준비한다.
변변한 주전자가 없어 커다란 팬에 물을 끓였다.

할머니. 외로움과 비참함은 할머니의 육체와 영혼을 조금씩 갉아먹고 있는 듯했다.

돌아보면 슬픔과 아픔만 가득했던 지난날들. 하지만 그런 중에도 뛸 듯이 행복했던 날이 있었다. 어린 자식들과 더 이상은 가난과 배고픔에 시달리지 않아도 될 것이라는 희망에 부풀었던 그날, 더 이상 먹고살 걱정을 하지 않아도 될 거라는 희망에 가슴 뛰었던 날, 바로 처음으로 직업이 생겨 화장품 외판원 가방을 메던 날이었다.

- "1976년 4월 3일. 지금도 생생하게 기억해. 내가 처음으로 제복을 입고 화장품 가방을 어깨에 메던 날이거든. 이젠 살았구나 했지. 이것만 열심히 하면 애들하고 먹고살 돈은 나오겠구나……."

할머니의 붉게 충혈된 눈에서 눈물 한 방울이 뚝 떨어진다. 어린 세 아이들과 함께 살아보려 발버둥치던 그날들이 바로 어제처럼 생생하게 떠올랐기 때문이다. 30년이 넘는 시간이 흘렀지만 아직도 그때를 생각하면 가슴이 아리고 슬픔이 북받친다는 할머니. 슬픈 기억 너머의 유년 시절은 어땠는지 궁금했다.

- "내 고향은 강원도 춘천군 사북면이야. 열두 살 되던 해에 6·25가 터졌지만 우리 동네는 이미 몇 년 전부터 전쟁이나

마찬가지였어. 하루 종일 총격소리가 그치지 않을 때도 있었으니까. 북쪽에서 '드르르르' 총을 쏘면 남쪽에서 '드륵드륵' 총을 쏘고, 하루하루 난리가 날 것처럼 불안했거든."

만삭의 몸으로 나무하고 돌 나르고

한국전쟁이 일어나기 몇 년 전 할머니의 부모님은 가족을 이끌고 고향을 떠났다. 사북면은 국경에 인접한 지역으로, 이미 한국전쟁 이전부터 남과 북 사이에 크고 작은 국지전성 교전이 끊이지 않았다. 그런 특성상 후방지역과는 달리 1950년 이전부터 이미 전쟁의 조짐이 시작되고 있었던 것이다.

몇 년간의 교전으로 불안에 떨던 주민들은 한국전쟁을 앞두고 미리 피난을 시작했다. 점점 더 심해지는 남북 간의 교전으로 더 이상 마을에서 터전을 일구고 사는 것이 불가능해졌기 때문이다. 대를 이어 살았던 고향땅을 떠나 가평에서 타향살이를 시작했지만 형편이 좋을 수가 없었다. 하지만 전쟁이 끝나면 돌아갈 고향이 있기에 친척의 농사를 도와주며 살아도 절망하진 않았다. 하지만 막상 전쟁이 끝나고 돌아간 고향에 남아 있는 것은 아무것도 없었다.

▪ "전쟁이 끝나고 잠잠해질 때를 기다려 고향으로 돌아가니 아직은 전쟁의 충격이 가시지 않아 폐허만 남은 거야. 집들

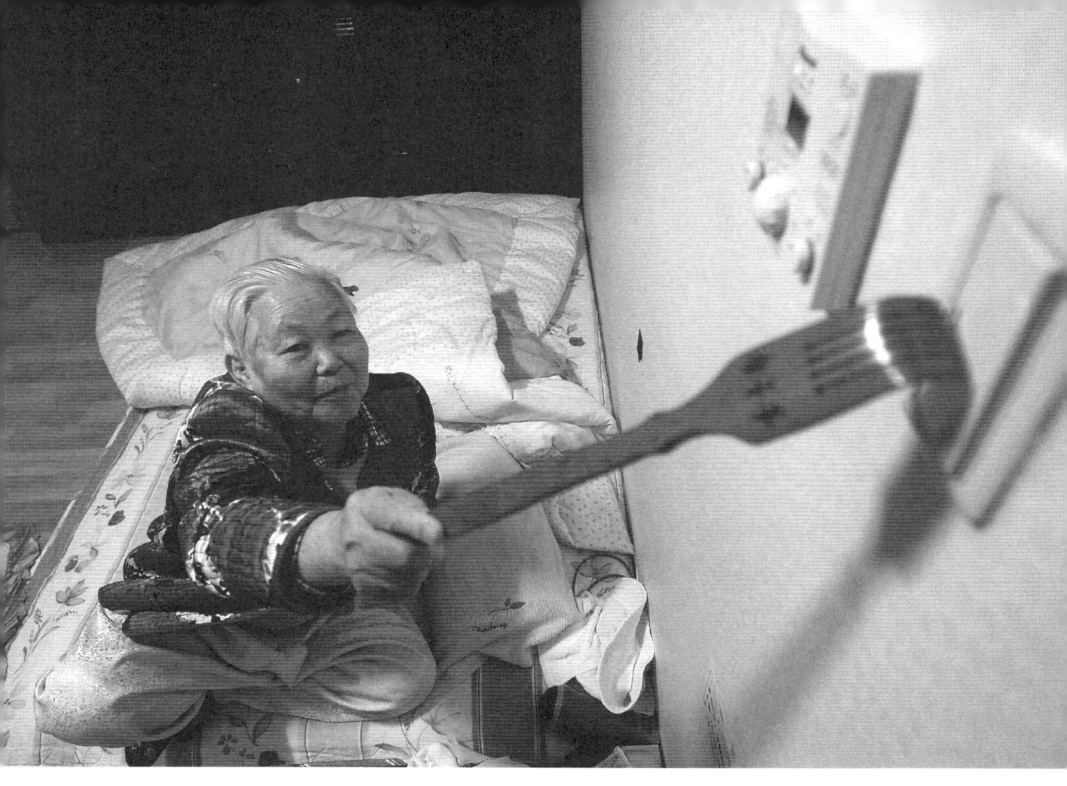

가려운 등도 긁어주고
전등 스위치도 단번에 꺼주는 대나무 등긁개는
효자 노릇을 톡톡히 한다.

은 사라지고 마을엔 군부대가 들어와 주둔하고 있더라구. 국방군 탄약고가 설치되어 있고 파견부대가 나와 탄약고를 지키고 있었지."

10대를 전쟁과 함께 보내다시피 한 할머니는 부모님을 도와 폭격으로 폐허가 된 집을 다시 지으며 새로운 삶에 대한 기대에 부풀었다. 당시 마을에 주둔하고 있던 군인들이 한동안 주민들의 전후 복구를 도와주었는데, 그러다가 붙임성 있는 한 군인의 눈에 아가씨로 자란 할머니가 들어왔다. 역사적 격변기 속에 혼기를 맞은 할머니는 자연스럽게 마을에 주둔하고 있던 그 군인과 결혼을 했다. 당시만 해도 군인들이 대우받던 시절이라 직업군인과의 결혼을 마다할 이유가 없었다. 많지는 않아도 매달 월급이 나오는 안정적인 직업이라서 주위의 부러움도 컸다.

하지만 운명은 가혹했다. 착실하고 순진했던 남편이 그를 시기한 동료의 모함으로 결혼 몇 달 만에 불명예전역을 하게 된 것이다. 억울했지만 방법이 없었다. 훗날 남편이 병을 얻어 일찍 세상을 떠나게 된 것도 그 때문이었다. 억울함이 화병을 불러온 것이다.

▪ "전역을 하고 남편과 시댁이 있는 포천으로 내려와 종중 땅을 일구고 살다가 철원으로 들어가게 됐어. 아는 사람이 철원에서 당구장을 하는데 관리를 맡겼거든. 당구장을 몇 년 했는데 5·16이 터진 거야. 갑자기 당구장 영업을 못하게 하더라구.

주인이 문을 닫고 떠나버리니 당장 먹고살 일이 막막했지."

5·16 이후 전국적으로 무허가 당구장에 대한 대대적인 단속이 실시되었고, 그 바람에 당구장에서 월급을 받고 일하던 남편은 실직을 하게 된다. 일자리를 찾아 들어온 타향에서 갑자기 실직을 하게 된 남편. 당장 무엇을 해서 먹고살아야 할지 막막할 뿐이었다.

밑천 없이 돈을 버는 일은 오직 노동밖에 없었다. 수중에 남은 몇 푼 되지 않는 돈으로 리어카를 구해 산을 올랐다. 땔감용 나무나 구들장으로 사용할 수 있는 돌들을 리어카에 실어 날랐다. 땔감용 나무는 장에 내다 팔고, 주워온 넓적한 돌들은 구들장을 놓아주는 데 사용했다. 남편은 끌고 아내는 밀고, 첫아이를 임신하고 있었지만 젊은 혈기에 힘든 줄도 고단한 줄도 모르고 열심히 일을 했다.

▪ "잔뜩 부른 배를 안고 남편을 도와 나무도 하고 돌도 나르고 했는데 무리가 됐는지 그만 8개월 만에 조산을 한 거야. 그땐 어려서 산후조리가 뭔지도 몰랐어. 한 달 만에 일어나 남편과 다시 일을 나갔지."

그 춥다는 철원에서 그것도 2월에 조산을 한 산모가 몸조리조차 하지 못한 채 산에 올라 남자들도 하기 힘든 거친 일을 했으니 병이 나지 않는 것이 오히려 이상한 일이다.

- "얼마나 추웠는지 몰라. 옷이나 지금처럼 따뜻했나, 신발이 지금처럼 튼튼했나. 아무리 유산을 했다지만 아기를 낳은 산모인데 장갑도 없이 언 손에 입김을 불어가며 그 무거운 구들장 돌을 들어 나르고 나무도 끌어 오고 했으니…… 나도 참 미련했지. 그러다가 산후병으로 죽도록 앓아누웠어."

그 후 할머니는 급속하게 몸이 쇠약해져 내리 세 번의 유산을 경험한다. 그렇게 몇 번의 아픔을 겪은 끝에 마침내 스물여섯에 그토록 기다리던 임신 소식을 다시 듣게 되었다.

- "큰딸을 스물일곱에 낳았어. 그동안 아이를 많이 기다렸는데 건강하게 낳아서 얼마나 좋았는지. 그땐 산후조리를 해 달라고 친정어머니를 불렀어. 그런데 애 낳고 일주일 만에 아버지가 어머니를 데리러 온 거야. 더 큰 일이 생겼다고 어머니를 데려가시는데 정말 서운하더라구."

결국 건강하게 아이를 낳았지만 생각했던 만큼 산후조리를 하지 못했다. 사람들은 첫아이를 잃고 얻은 산후병은 두 번째 아이를 낳은 뒤 산후조리를 잘하면 치료가 된다고 했지만 그것마저도 생각처럼 되지 않았다.

어렵게 딸아이를 얻은 뒤 세 살 터울로 아들도 얻었다. 하지만 연년생으로 세 번째 아이까지 들어서고 보니 기쁨보다는 걱정이

앞섰다. 찢어지게 가난한 가정에 태어나 나면서부터 배고픔을 경험하게 될 아이가 너무나 불쌍했기 때문이다. 중절을 할까 고민도 했지만 차마 어린 생명에게 모진 짓을 할 수 없었다.

- "너무나 가난해서…… (눈물) 뭐 먹은 게 있어야 젖이 나오지. 우리 막내. 그게 제일 불쌍해. 아무리 빨아도 젖이 말라 나와야 말이지. 애는 배고프다고 울고, 젖은 안 나오고…… 이웃 아줌마가 불쌍하다면서 이유식을 한 통 가져다주더라구. 그래서 갓난아기에게 그걸 먹였지. 그거라도 먹이지 않으면 죽을 것 같아서……."

임신 중에도 먹은 것이 없어서인지 부서질 듯 작고 약하게 태어난 막내. 나오지 않는 빈 젖이라도 빨아보려 애를 쓰던 아이. 배고픔에 울음소리조차 힘이 없어 얼마 살지 못하고 죽을까 두려워 호적에 올리는 것도 미루고 있었던 아이가 바로 막내아들이다. 애처롭게 태어난 막내는 젖도 떨어지기 전인 17개월 만에 아버지를 잃었다. 아버지의 품도 사랑도 모르고 자란 막내아들. 그래서 할머니는 막내아들을 생각할 때면 더 가슴이 아프다.

- "막내 17개월 때 애들 아버지가 돌아가셨어. 애들 데리고 어떻게 사나 하는 걱정에 눈물도 나오지 않더라구. 두 살, 세 살, 여섯 살…… 이런 세 아이를 데리고 이를 악물고 살았어. 걸

. . . .
이젠 눈이 어두워 성경구절을 찾는 데 시간이 한참 걸린다.
그래도 힘들 때마다 성경책을 읽으면 마음의 위안을 얻을 수 있다.

음마도 제대로 하지 못하는 막내를 둘러업고 논에 나가 일을 했지. 일하는 동안 논두렁 사이에 아이를 풀어놓으면 배가 고파서 흙을 집어 먹었는지 얼굴이고 몸이고 온통 흙투성이가 되어가지고 울기는 또 어찌나 우는지…… 그렇게 울던 아이 얼굴이 지금도 선해. 잘 먹이고 입히고 키우지 못해 그게 늘 미안하고……."

남편과 사별한 후 혼자된 여자가 세 아이를 데리고 살면서 할 수 있는 일은 많지 않았다. 가진 거라곤 허술한 시골집과 논 두 마지기 반이 전부. 먹을거리는 작은 논밭에 농사를 지어 소출이 나는 대로 해결한다고 하지만 막 겨울을 난 터라 이마저도 쉽지 않았다. 너나없이 어려운 보릿고개라 보리 한 되 꾸어 오기도 쉽지 않던 시절, 당장 세 아이들을 굶기지 않으려면 무슨 일이든 가리지 않고 해야 했다.

- "삯빨래를 했어. 그 겨울에 담요를 빠는데 얼마나 많이 했는지 나중엔 펌프물이 말라 물도 나오지 않더라구. 솜이불이 얼마나 크고 무겁던지…… 그거 빨고 병이 나서 봄까지 앓아누웠어."

너무나 가난해 먹고사는 것조차 쉽지 않았던 시절. 남의 배추밭에서 버려진 언 배추를 뽑아다 손을 호호 불어가며 김장을 담가 먹었고, 아이들의 옷은 낡은 털실을 재생해서 짜 입혔다.

- "털옷은 오래 입으면 양쪽 팔꿈치가 해지거든. 그러면 팔을 풀어서 배 쪽에 오게 짜고, 배 부분은 팔로 짜서 입히고, 그것도 여러 번 하다 보면 실도 닳아 털도 다 빠지고 가늘어져. 그러면 그런 것들을 모아 섞어서 짜 입히고……. 어떻게 살았나 몰라. 우리 애들 정말 불쌍하게 컸어."

애비 없는 자식이라는 소리 들을까 봐

아무리 노력해도 형편이 좋아질 기미는 보이지 않았다. 그도 그럴 것이 남편 생전에도 가난을 면치 못하고 살았는데 남편마저 세상을 떠나고 나니 그 힘든 처지는 이루 말할 수 없는 것이었다. 하지만 이렇게 근근이 하루하루를 이어가던 할머니에게 믿기지 않을 만큼 좋은 소식이 날아들었다. 당시 여성들의 직업으로는 알아주던 화장품 외판원을 해보지 않겠느냐는 제안을 받았던 것이다. 고민하거나 주저할 이유가 없었다.

- "그 언니가 날 보고 화장품 장사 한번 해보지 않겠냐는 거야. 당장 따라나섰지. 처음엔 차비도 없어서 누가 가는 길이 아니면 갈 수도 없었는데…… 철원에 나가니 대리점에서 세금 낸 증명을 가져오라는 거야. 뭐가 있어야 세금을 내지. 그런데 잘 아는 분이 대신 그 증명을 해주시더라구. 지금으로 말하자면

보증을 서준 거지."

그렇게 해서 화장품 가방을 어깨에 처음 멘 날이 1976년 4월 3일. 흰 칼라가 달린 외판원 복장을 입고 화장품이 가득 든 가방을 양 어깨에 메니 묵직한 가방의 무게에도 불구하고 마음은 날아갈 듯했다. 더 이상 먹고살 걱정은 하지 않아도 될 것 같은 희망에 가슴이 뛰었다.

- "철원에 군부대가 있어서 군인가족들도 많이 살잖아. 다른 농촌하곤 다르지. 군부대가 있다 보니 유흥업소도 많고. 골목골목 열심히 걸어 다녔지. 여자 일치고는 좋은 일이야. 누가 장사하는 사람을 자기네 안방에 들이고 그래. 화장품 아줌마들은 안방에 들어가 차도 마시고 이야기도 나누고 즐겁게 장사를 하는 편이거든. 화장품 장사 13년 해서 아이들 학교 보내고 공부 시켰네."

그래도 화장품 장사 할 때가 가장 좋았다는 할머니. 세 아이가 혹시라도 누구에게 '애비 없는 자식'이라는 소리를 들을까 봐 더 깨끗이 입히고 더 곱게 차려 내보냈단다.

- "동네 아줌마들이 나한테 '그 집 빨랫줄이 자꾸만 달라지네' 그러는 거야. 빨아 넌 애들 옷이 점점 좋아진다는 거지.

아무래도 돈을 버니 애들 옷도 사 입히고 그랬지. 나야 유니폼을 입으니 그거 하나면 되지만 애들은 잘 입히고 싶었거든."

남편 없이 세 아이를 키웠지만, 늘 아이들에게 최선을 다하고 싶었던 할머니는 아이들 공부 뒷바라지도 소홀히 하지 않았다.

- "남들은 딸이 중학교 마치면 서울로 보내 돈을 벌어 오게 한다면서 자랑들을 했지만 난 그러고 싶지 않았어. 딸이 농과 고등학교를 갈까 그러는데 그냥 인문계를 가라고 했지. 그리고 고등학교를 다니면서 주산이랑 부기를 가르쳤어. 공부도 잘하고 인물도 좋아서 고 3 때 벌써 농협에 취직이 된 거야."

당시만 해도 여성들의 취업은 그리 쉬운 일이 아니었다. 손바닥만 한 시골이었지만 은행권에 속하는 농협에 취직이 된다는 것이 꽤 드문 일이어서 그만큼 기쁨도 컸다.

- "화장품을 팔러 나가는데 아는 분이 버스 안에서 그러는 거야. '내가 지금 듣고 오는 길인데 그 집 딸 농협에 합격했대.' 그 소리를 듣는 순간 너무 좋아서 사람들도 아랑곳하지 않고 '와아' 하면서 큰 소리를 질렀네. 얼마나 좋은지 세상이 다 내 것 같았어."

....
칠십 평생 몸에 밴 정갈함과 부지런함은 집 안 곳곳에 묻어난다.
잘 정돈된 화장대 거울 너머로 방을 정리하고 있는 뒷모습이 담긴다.

힘들게 키워온 아이들이 한 명씩 자리를 잡아갈 때의 보람을 어디에 비할 수 있을까. 그렇게 자녀들이 자라고 저마다 자리를 잡아가는 듯 보여 철원 생활을 접고 서울로 올라온 할머니. 그러나 서울 생활은 철원보다 더 녹록지 않았다. 철원 시골집을 2천만 원에 팔았지만 서울에 와서 살 집을 구하기엔 턱없이 부족했다. 그래도 1천만 원의 은행 빚을 15년 상환조건으로 얻어 방을 구했다. 그때만 해도 두 아들 형편이 나쁘지 않아서 넉넉하진 않지만 은행 이자를 갚아나가며 어렵지 않게 살 수 있었다.

자식과의 생이별, 다시 시작된 가난

- "1993년 서울 광진구로 이사를 왔어. 애들이 다 서울에 사니 나 혼자 철원에 있고 싶지 않았거든. 서울에 얼마나 살았을까…… 큰아들이 사업을 하다 큰 빚을 진 거야. 신용불량자가 되더니 그만 해외로 도피를 해버리고, 막내아들도 얼마 지나지 않아 이민을 가고……. 이쪽(서대문구 북가좌동)에 딸이 살고 있어서 이사를 오긴 했는데, 딸도 형편이 좋지 않아서 엄마라고 짐만 되네."

IMF 사태 이후 사업에 실패해 신용불량자가 되어버린 큰아들은 그 충격에서 영영 벗어나지 못해 해외도피라는 극단적 선택을 하고 말았다. 그러다 보니 아들에게 의지해 살던 할머니의 형편도 말이 아니게 나빠졌다. 큰아들의 사업실패로 본의 아니게 또 다른 피해를 입게 된 작은아들마저도 호주로 이민을 떠나버리고, 하나밖에 없는 딸과의 관계도 나빠지게 되면서 할머니의 인생은 나락으로 내려앉기만 했다. 그 후로 할머니의 인생은 살아도 사는 게 아니었다.

친척도 친구도 이웃도 없는 서울살이가 할머니에게 남긴 것은 자식과의 생이별과 또다시 시작된 가난뿐이었다. 오갈 데 없는 처지가 된 할머니가 지금 살고 있는 북가좌동으로 이사를 오게 된 것은 그래도 딸네 집 근처에서 살고 싶었기 때문이다. 그간 이런저런 일로 딸과도 살갑지 못한 사이가 되어버린 지 오래지만 낯선 동네보다는 나을 것 같아 2500만 원짜리 반지하방 전세를 얻어 들어온 것이다.

늙고 병든 몸에 가진 재산 없이 들어온 북가좌동. 딸을 믿고 옮겨오긴 했지만 딸 역시 넉넉지 않은 살림으로 엄마에게 도움을 줄 처지가 되지 못한다. 호주로 이민을 간 작은아들이 매달 융자금에 대한 이자를 부담해주고 있고, 딸도 어려운 형편 가운데 매달 10만 원의 용돈을 보내주고 있지만, 국민연금 9만 3천 원을 더해도 19만 3천 원을 가지고 한 달을 살기가 여간 버겁지 않다.

젊은 시절부터 고생을 밥 먹듯 하고 살아온 탓에 관절염과 고혈압은 물론 최근에는 우울증까지 생겨 매일 한 주먹씩 약을 먹지 않으면 통증과 우울로 잠을 이룰 수 없는 할머니. 사정이 이렇다 보니 생활비 대부분이 약값으로 나가게 되고 우양재단에서 지원하는 쌀과 김치마저 없으면 끼니조차 해결하기 어려운 처지가 된 것이다.

- "가슴에 슬픔이 맺히다 맺히다 우울증이 왔나 봐. 약을 먹지 않으면 잠을 잘 수가 없어. 화장품 팔러 다니면서 무거운 가방을 어깨에 메고 걸어 다니다 보니 늙어서 관절염이 왔지 뭐야. 이 다리가 얼마나 쑤시고 아픈지……. 잠도 오지 않고 몸도 아프고 그럴 때면 애들이 더 그리워. 그래서 이불을 뒤집어쓰고 아들 이름을 크게 불러본다고…… 아들아, 아들아! 내 아들아! 이렇게 말이야."

성격이 소심한 편이라 쉽게 남들 앞에 나서지 못하고, 그래서 사람을 잘 사귀지 못한다는 할머니. 그러다 보니 점점 혼자 있는 시간이 많아지고 의기소침해지면서 지나온 옛 시절 생각에 눈물 흘리는 때도 많다. 예전 살던 철원으로 다시 들어가면 어떻겠느냐고 물으니 고개를 저으신다.

- "난 그 추운 동네로 돌아가고 싶지 않아. 철원에서 애들 아버지 잃고 죽도록 고생하고……. 물론 화장품 장사 하면서 애들 키우던 시절도 있었지만 나에게 철원은 춥고 슬프고 아픈 기억만 남아 있는 곳이거든. 얼마나 춥고 얼마나 슬펐는지 몰라……."

처음 만났을 때 자신의 살아온 이야기를 꺼내기 힘들어하시던 할머니가 시간이 지날수록 가슴 깊은 곳에 담아두었던 아픈 이야기를 털어내며 한결 편안한 표정을 지으신다. 혼자 참고 견디다가 끝내는 가슴에 응어리가 되어버린 사연들……. 어쩌면 누군가에게 이렇게 털어놓고 싶으셨는지도 모른다. 외로워하는 할머니에게 밤늦도록 이야기 친구가 되어주고 싶은 날이었다.

잘 가, 길 조심하고……

몇 번이나 당부하며 손을 흔든다.
수줍은 미소가 좁은 골목길을 비춘다.

사진 유성호

05

45년 살아온 손바닥만 한 집 때문에

성말용
1930년생

단층짜리 낮은 집들이 옹기종기 모여 있는 서울 마포구 연남동의 한 주택가. 드라마 속에서나 볼 수 있는 1970년대 동네 풍경과 흡사하다. 사람 하나가 간신히 지날 수 있는 골목들과 지은 지 오래되어 보이는 주택들. 하루가 다르게 높이 올라가는 주변의 신축건물들과 묘한 대조를 이루며 어린 시절로 되돌아온 것 같은 착각마저 들게 하는 이런 곳이 아직도 서울의 중심에 자리하고 있다는 것이 믿기지 않을 정도다.

마포구에서는 드물게 도시가스가 들어오지 않는 동네. 몇 년 전까지만 해도 보일러나 수세식 화장실은 고사하고 변변한 지붕과 담도 없었다. 지금이야 재개발 예정 지역이라는 둥 돈 가진 사람들의 부동산 투자처로 입방아에 오르내리고 있지만, 원래 이곳은 도시빈민들이 모여 살던 판자촌이었다. 1960년대부터 집 없는 사람들이 하나둘 모여들어 철길 옆 자투리땅에 무허가로 집을 지어 살던 동네인 것이다.

서울살이 60년, 남은 건 이 집 하나

"이 집에 산 지 45년이 넘었어. 우리 영감하고 여기 들어와 살다 이 집에서 애들 낳아서 키우고 우리 영감도 이 집에서 돌아가시고……. 서울살이 60년에 남은 거라곤 보잘것없는 이 집 하나인데, 이것도 집이라고 수급자를 해줄 수가 없대."

'공공근로'라는 글씨가 선명하게 새겨진 조끼를 교복처럼 입고 계신 팔십 노구의 성말용 할머니. 언제든 일거리가 있다고 부르기만 하면 당장이라도 달려 나갈 수 있는 옷차림이 할머니의 다급한 마음을 대변하는 듯하다. 정부로부터 생활보조를 받지 못하는 할머니로서는 매월 20만 원의 임금을 받는 공공근로라도 하지 않으면 당장 두 손자들과 먹고사는 것조차 해결하기 힘든 상황이기 때문이다.

- "작년까지는 애들 급식비도 주더니 이젠 그것도 안 줘. 한 달에 20만 원 벌어서는 손자들 급식비도 주기 힘들거든. 우리 큰손자가 학교 파하고 아르바이트해서 조금씩 돈을 벌어다 주기는 하지만 아직 고등학생이라 지 용돈 쓰기도 모자라지. 한창 공부할 시간에 돈 벌러 나가는 손자 보면 가슴이 아파."

하나밖에 없는 아들이 이혼의 충격으로 실명을 하게 되면서 두 손자를 맡아 키우기 시작한 지가 어느덧 10년이 넘어간다. 처음 할머니 품에 올 때 여섯 살, 세 살이었던 아이들이 고등학교 3학년, 중학교 3학년이 되었다.

- "영감 죽고 얼마 되지 않아 손자들이 나한테 왔어. 생각하면 어떻게 살았나 싶어. 다른 집 애들처럼 잘해서 키우진 못했지만 그래도 내가 해준 밥 먹고 저만큼 자란 걸 보면 대견해. 어미 없이 자란 아이들이 할머니 속 썩이지 않고 저만큼 자라준 게 얼마나 고마워."

아파서 눕고 싶어도, 힘들어 게으름을 피우고 싶어도 둥지 속의 아기새처럼 할머니를 보고 입을 벌리는 두 손자들의 모습이 어른거려 편히 등을 대고 누워보지 못했을 할머니. 가난한 살림이라 잘 먹이지도, 잘 입히지도 못하고 키웠지만 할머니 사랑만큼은 누구보다도 많이 받고 자란 손자들이다.

....
"늙은이 사진 자꾸 찍어 뭐해."
굴곡 많은 삶을 견뎌낸 주름진 얼굴에 어느새 환한 미소가 피어난다.

말씀을 하다 말고 옆에 두었던 비닐봉지를 끌어오시더니 반쯤 터진 홍시 몇 개를 꺼내놓으신다.

- "요 앞 길가에 감나무가 있어. 거기서 떨어진 거 주워 왔지. 꼴은 이래도 다 익어서 떨어진 거라 달고 맛있어. 입도 심심하고 출출할 텐데 하나 먹고 해."

공공근로를 하지 않을 때는 거리에서 폐지나 빈병 등을 주워다 팔아서 부족한 생활비를 충당한다. 가을에는 폐지와 함께 길거리에 떨어진 감도 줍고 은행열매도 줍고, 봄이면 공터에 올라오는 쑥이며 질경이며 나물도 뜯는다. 남들이 버린 것, 눈길조차 주지 않는 것들이지만 할머니에게는 반찬이 되고 간식이 되는 소중한 먹을거리인 것이다.

팔십 평생을 생활력으로 똘똘 뭉쳐 억척스럽게 살아오신 할머니. 얼굴 가득한 주름만큼이나 굴곡 많은 삶을 살아왔을 할머니가 조곤조곤 당신이 살아오신 지난 이야기를 들려주셨다.

- "테레비에 정신대 할머니들 나오잖아. 그거 보면 남의 일 같지 않아서 같이 눈물을 흘린다니까. 나도 그 할머니들처럼 정신대로 붙잡혀 가다가 돌아왔거든. 우리 어머니 아니었다면 …… 아이고, 말도 마."

할머니의 고향은 사과가 지천으로 나는 경북 성주다. 봄이면 낙동강변을 따라 하얗게 피어난 사과꽃이 눈처럼 흩날리던 동네. 가을이면 달콤한 사과향이 마을 가득 넘쳐나던 동네. 하지만 이렇게 조용하고 아름다운 동네도 일본군들의 총칼 앞에 어김없이 유린되고 말았다.

종군위안부 보면 내 일처럼 눈물이 나

- "일본놈들이 총알 만든다고 집 안에 놋그릇이란 놋그릇은 다 뺏어갔지. 밥그릇이고 수저고 요강이고 놋으로 된 거라면 하나도 남김없이 싹 다 쓸어갔어. 그뿐인가. 힘쓸 만한 남자들은 죄다 일본군으로 강제 징집하거나 일본 광산으로 징용을 보내고, 그것도 모자라 어린 처녀들까지 굴비 엮듯 엮어서 정신대로 보낸 거야."

2차 대전 막바지였던 1944년 여름, 할머니는 꽃다운 열네 살에 "처녀공출 대상이니 소집날짜에 맞추어 면사무소로 나오라"는 청천벽력 같은 통지를 받았다. 이웃마을에 한바탕 처녀공출 바람이 불어 딸들을 빼앗긴 집마다 초상을 치른 듯 울고불고 난리가 났다는 소문은 들어 알고 있었지만, 초경도 치르지 않은 열네 살 어린 소녀까지 공출대상이 될 줄은 생각도 못했다.

- "우리 동네에만도 열네 살 동갑네가 열일곱 명이나 있었는데 다들 한날에 정신대로 가게 된 거야. 가는 날 면사무소에 모였는데 우리 어머니가 내 딸은 보낼 수 없다면서 면서기랑 죽기 살기로 싸우셨네. 그러는 동안 출발이 많이 늦어졌지. 면서기를 따라 성주읍까지 20리 길을 걸어서 갔는데…… 당도해보니 벌써 군용 도라꾸(트럭)에 처녀들을 콩나물처럼 실어서 출발을 하더라구."

어머니가 면서기를 붙잡고 실랑이를 하는 바람에 성주읍에 제시간에 도착할 수 없었던 것이다. 결국 성주읍에서 이들을 기다리던 징집 트럭은 다른 처녀들만 태운 채 떠나버렸고, 늦게 도착한 처녀들은 2차 징집이 실시될 때까지 일단 귀가하게 된다.

- "트럭마다 처녀들이 가득 실려 가는 거야. 성주읍에서 떠난 트럭만도 몇 대인지 몰라. 우리한테 늦게 와서 태워 갈 차가 없으니 다음 소집이 있을 때까지 집에 돌아가서 기다리라는데 죽다 살아온 거나 다름없었어."

할머니는 몇 분 차이로 징집 트럭에 오르지 않을 수 있었다. 만약 그때 조금만 일찍 도착했더라면 할머니 역시 TV에 나오는 종군 위안부 할머니들처럼 슬프고 아픈 삶을 살아야 했을 거라는 생각에 볼 때마다 자신의 일처럼 눈물이 난다는 것이다.

- "우리 어머니가 얼마나 지혜로우셨던지 몰라. 집으로 돌아왔더니 그 밤으로 날 데려다 두메산골 깊은 곳에 살고 있는 고모네 집에 숨겨두시는 거야."

종군위안부로 끌려가지 않기 위해 아무도 모르는 깊고 깊은 산골에 숨어야만 했던 할머니. 낮 동안은 남의 눈에 띄지 않게 집 안에서 숨어 지내다가 해가 지면 고향집 방향을 바라보며 하염없이 눈물을 흘렸다. 열네 살 소녀에겐 죽음만큼이나 두렵고 무서웠던 시간이었다.

그러던 어느 날 저녁 어머니가 찾아오셨다. 남의 눈을 피해서 밤길을 재촉해 집에 도착한 어머니는 혼처를 구해놓았으니 내일 당장 혼인만 하면 된다고 하셨다. 당시 처녀가 종군위안부 공출을 피할 수 있는 길은 하나밖에 없었다. 혼인신고를 해서 법적 처녀가 아니라는 증명을 갖는 것이었다.

- "나를 숨겨놓고 백방으로 사윗감을 구하러 다녔던 모양이야. 그땐 정신대가 무서우니까 혼인만 할 수 있으면 사람은 보지도 않고 시집을 보낼 때였거든. 어머니가 혼인신고를 먼저 하고 혼례식 바로 전날 고모네 집으로 나를 데리러 오셨더라구. 그래서 친정집에서 하룻밤 자고는 바로 산 너머 남편 집으로 갔지."

종군위안부 공출을 피하기 위해 열네 살 어린 나이에 결혼을 하게 된 할머니. 지독하게 가난해 먹을 것이 없는 시댁이었지만 죽기보다 싫은 종군위안부를 피했기에 가난쯤은 문제도 되지 않았다. 너나 할 것 없이 배를 곯던 시절, 산과 들에서 나는 나물조차 없었다면 그 많은 식구들의 굶주림을 무엇으로 해결했을까 싶다.

잡초처럼 질긴 민중의 삶

- "봄이 되면 동서하고 나하고 산으로 들로 나가 나물을 해다가 식구들 죽을 끓여 먹였어. 죽 속에 쌀이, 쌀 속에 뉘 들어 있듯 했어. 멀건 나물죽 속에 밥알이 가끔씩 희끗희끗 눈에 띌 정도였으니까. 그나마도 며느리들은 그릇에 담아 먹을 것도 없어서 식구들 다 먹고 난 솥에다 물을 부어 솥에 붙어 있는 찌꺼기를 설거지하듯 휘휘 둘러 물처럼 훌떡 마시면 그만이었고……."

해방이 되고 나서 몇 년 동안 지독한 흉년이 계속됐다. 먹은 게 없으니 내놓을 것도 있을 리 없었다. "똥구멍이 찢어지게 가난하다"는 말은 우스개로 하는 말이 아니었다. 먹은 것이 없다 보니 배는 아프지만 나올 것이 없어 힘만 주다 항문이 찢어지는 일도 흔했다는 것이다.

- "밀기울 알아? 그거 지금은 소도 안 먹는 건데…… 배가 고프니 뭐라도 배는 채워야겠고, 그래서 쑥이랑 밀기울을 디딜방아에 찧어 축축하게 되면 그걸 밥할 때 구석에 넣고 쑥버무리처럼 쪄. 그걸 싸가지고 나가서 하루 종일 나물하다가 개울가에 앉아 한 조각 떼어 먹고 개울물 마시면 그게 점심인 거야. 들판에 나물도 없으면 수양버들 이파리까지 뜯어다 삶아 먹고 살았다니까."

그렇게 가난을 견디며 거친 땅을 일구어 소도 한 마리 들여놓고 차차 형편이 조금 나아질 무렵에 한국전쟁이 발발했다.

- "우리 동네가 워낙 외진 곳이라 피난을 가지 않고 산에 방공호 같은 굴을 파고 살았어. 난리가 터졌다는 소문을 듣고 쌀도 닷 말씩 묶어서 지고, 피난길에 먹으려고 백설기도 한 시루 쪄서 싸고, 그렇게 나가려는데 인민군들이 마을에 들어와서 가지 말라고 붙잡더라고. '동무들, 동무들' 하면서 아무 일도 없을 테니 그냥 살아도 된다고. 그렇게 구슬리더니 동네 앞잡이들이 구지비끼(뽑기의 일본말)를 해서 우리 집 황소를 뺏어 가지 뭐야."

그렇게 할머니네 소를 몰아간 지 일주일 만에 북한군은 낙동강 전투에서 패하고 후퇴를 거듭한다. 전쟁의 와중에 수많은 마을 젊은이들이 죽어나갔지만, 남편은 운 좋게도 살아남아 집으로 돌아

> 손바닥만 한 집이지만 반평생을 의지한 곳이다.
> 이 집을 팔고 월세로 옮기면 정부 지원을 받을 수 있다지만,
> 혹독한 서울 땅에서 남의 집 살이를 하다 괜히 손자들과
> 거리로 나앉게 될까 두렵다.

왔다. 낙동강 인근 지리를 손바닥처럼 잘 알고 있던 남편은 당시만 해도 낙동강변을 따라 빽빽하게 사과밭이 들어서 있던 터라 밝은 낮에는 사과밭에 몸을 숨기고 인적 없는 밤을 이용해 무사히 전장을 빠져나올 수 있었다.

- "남편이 왜관 쪽에서 국방군의 탄피를 나르는 일을 했는데 낙동강 근처까지 전선을 따라오다가 전투가 심한 틈을 타서 도망을 한 거야. 낙동강까지 와보니 인민군이고 국방군이고 시신이 말도 못하고, 강물은 피로 시뻘겋고…… 아무래도 이러다가 죽을 것 같더래."

치열했던 낙동강 전투. 모래찜질을 즐기던 은빛 모래사장은 시신들로 뒤덮였고 물고기를 잡고 놀았던 낙동강은 붉은 피가 되어 흘렀다. 이후로도 몇 년간 낙동강은 전쟁의 상처로 신음했다. 모래사장 깊숙이 젖어들었던 선혈이 말끔히 사라지기까지 수년간은 물고기도 살지 못하는 죽은 강이 되었던 것이다.

종군위안부로 끌려갈 위기를 넘기고, 배고픔의 시절을 견디고, 총탄이 난무했던 한국전쟁마저 겪어낸 할머니는 1955년 남편과 함께 서울생활을 시작한다. 잡초처럼 질긴 민중의 삶, 바로 할머니의 삶이었다.

남의 땅을 일구어서 먹고살아야 했던 소작인의 삶은 그야말로 보릿고개의 연속이었다. 소처럼 일하지만 배고픔과 가난의 고통에서 벗어날 기미가 보이지 않는 희망 없는 삶. "서울로, 서울로"를 외치며 무작정 상경하던 수많은 사람들처럼 할머니 부부 역시 가난을 피해 서울살이를 결심하게 된 것이다.

두드릴수록 강해지는 쇠처럼

가진 돈 없이 시작한 서울살이지만 그저 남의 논밭이나 일구어야 했던 시골에 비해 희망은 있어 보였다. 부부가 놀지 않고 부지런히 일을 하면 적은 돈이라도 만질 수 있고, 그것을 조금씩 모아 월세방이라도 보증금이 더 큰 곳으로 옮겨 가는 재미가 쏠쏠했던 것이다. 부자는 꿈꾸지 못해도 초근목피로 하루하루를 연명했던 시골생활에 비해서는 희망이 보이는 듯했다.

- "처음엔 공덕동 형무소 후문 쪽에 월세방을 얻어서 살았고, 서대문형무소 앞에서도 좀 살다가, 숭문고등학교 근처에도 살다가, 이대 후문 쪽에서도 살다가……. 남편이 장사를 나가면 나도 돈을 벌러 다녔어. 내가 돈을 벌면 남편 번 돈은 그만큼 여축이 되는 거잖아."

시골에서야 나물 캐고 길쌈하고 농사짓는 일이 전부였지만 서울에 오니 여자들도 마음만 먹으면 장사라는 것을 할 수 있었다. 양

말공장에서 양말도 떼어다 팔아보고, 건어물시장에서 미역도 가져다 팔아봤다. 지금처럼 시장이 가까이 있지 않던 시절이라 어떤 물건이든 가지고 다녀보면 사는 사람들이 제법 있었던 것이다.

이것저것 팔아보았지만 그중 찐빵장사가 가장 할 만했다. 집에서 멀지 않은 아현동 마루터기 찐빵공장에서 찐빵을 떼어다 마포나루까지 이고 다니다 보면 한 대야 가득하던 찐빵이 어느새 동나곤 했다. 다리도 아프고 목도 아팠지만 돈 버는 재미가 쏠쏠했다.

■ "아침에 찐빵을 받아다가 마포나루터에 내려놓으면 제법 잘 팔려. 빨래하러 나온 아줌마들이 심심하고 출출하면 찐빵을 하나씩 사 먹고 그랬거든. 거기서 팔다 남으면 거리에 앉아서도 팔고, 이고 다니면서도 팔고…… 그렇게 한 다라이 팔면 2백 원이 남는 거야. 10원이면 꽁치를 다섯 마리 줄 때였으니 2백 원도 큰돈이었지."

해질 무렵 그날 번 돈을 가지고 반찬가게에 들러 꽁치 한 마리에 쌀 한 봉투, 연탄 두 장을 사 들고 집에 들어오면 세상 어느 부자도 부럽지 않았다는 할머니. 그렇게 알뜰살뜰 모아 조금씩 서울생활이 자리 잡힐 무렵, 살던 집에 그만 화재가 나고 만다.

■ "신촌 이대 입구 쪽에 살던 때인데 장사를 나갔다가 돌아와보니 집이 홀랑 타버렸더라구. 거기도 가난한 사람들만 모

여 살던 곳이었는데……. 목조로 된 집이라 불이 나고 나니 냄비 하나 숟가락 하나도 남지 않은 거야. 적십자사에서 담요랑 냄비랑 구호물품을 주었지만 갑자기 거지꼴이 되었으니 한심하더라구."

두드릴수록 강해지는 쇠처럼 할머니는 시련 속에서 더욱 강해졌다. 어둠과 같았던 일제 식민지배도, 폭탄이 쏟아지던 한국전쟁도, 굶어 죽는 사람이 넘쳐나던 지독한 보릿고개도 꿋꿋하게 이겨냈는데 화재쯤이야 이겨내지 못할 이유가 없었던 것이다.

하지만 시련은 여기서 끝나지 않았다. 스무 살에 낳은 첫아들을 병으로 잃고, 두 번째 아이마저 남편이 입대하던 날에 저세상으로 떠나보내야 했다. 그렇기에 서른셋에 얻은 세 번째 아이는 소중하고 또 소중했다. 머루처럼 까만 눈으로 엄마를 바라보고 있는 아이 때문에라도 이를 악물고 살아야 했다.

■ "서른셋 늦은 나이에 낳은 아들이지만 먹고사는 게 어려워 공부도 많이 시키지 못했어. 아들이 열 살도 못 돼서 남편이 교통사고를 당해 누워버렸거든. 아버지가 병원에 누워 있으니 가세가 기울 수밖에……. 교통사고 보상도 못 받고 치료도 제대로 받지 못해서 후유증으로 30년을 방바닥에 눕지도 못하고 앉아서 지내다 돌아가셨거든. 영감 돌아가시고 나서 이혼한 아들의 두 아이들을 맡아 키우게 되었지."

무너져가는 집이라도 손자와 살 수 있잖아

교통사고로 몸져눕게 된 남편을 30년 병수발 끝에 떠나보내고 나니 이번엔 이혼과 함께 병을 얻게 된 아들이 두 손자와 함께 나타났다. 서른셋 나이에 어렵게 얻은 하나밖에 없는 아들, 남편 병수발 때문에 어린 시절부터 뒷바라지 한번 제대로 해주지 못한 것이 늘 마음에 걸렸던 아들이었는데 이혼하고 병든 몸으로 어린 두 자식까지 키워야 할 처지가 된 것이다. 할머니의 마음은 갈래갈래 찢어지는 듯했다.

- "아들이 이혼의 충격으로 병을 얻어서 눈이 망가졌어. 맹인이나 다름없어졌으니 애들을 어떻게 키워. 취로사업을 해서라도 내가 키워야지. 일을 나가면서 매일 과자를 세 봉지씩 샀어. 한 봉지는 집에 있는 큰손자에게 쥐여주고, 두 봉지는 업고 간 작은손자에게 오전에 한 봉지, 오후에 한 봉지 이렇게 주고……. 어떻게 키웠는지 어떻게 살았는지 몰라. 그래도 저렇게 잘 커줘서 고맙지 뭐."

남편 병수발을 들고 어린 두 손자를 키우느라 파출부며 막노동이며 취로사업이며 여든이 넘은 지금까지도 일을 쉬어본 날이 없다는 할머니. 공공근로를 나가고 폐지를 주워 한 달에 20~30만 원을 번다지만 그것도 겨울 동안에는 쉬어야 하는 데다가 중 3, 고 3

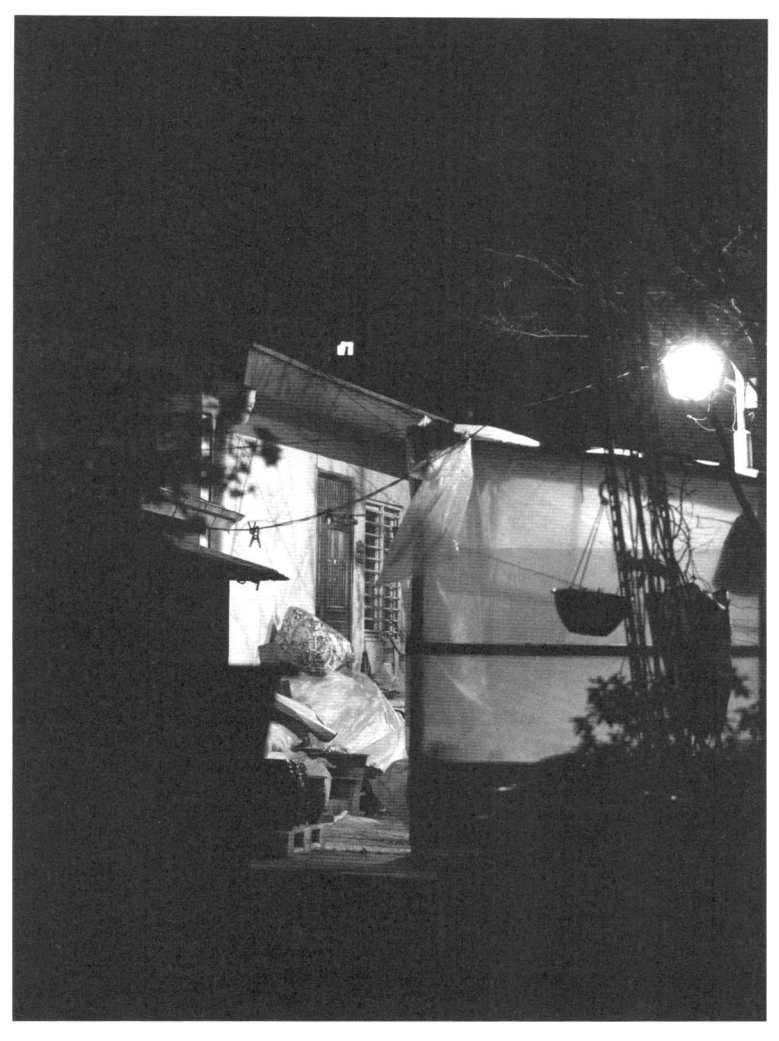

도시가스도 들어오지 않는 동네. 원래 도시빈민들이 모여 살던 판자촌이었다.
이 집에서 먼저 떠난 남편, 두 손자들과 45년을 살았다.

이 된 두 손자와 함께 생활하고 있어 턱없이 부족한 금액이다.

- "우리 영감님이 남겨주고 간 이 손바닥만 한 집(약 16평) 때문에 정부에서 아무 도움을 받을 수가 없대. 이 집에서 산 지 벌써 45년이야. 이거 팔아서 어디 월세로 가면 도움을 받을 수 있다는데, 여기 오래 살아서 그런지 여길 떠나고 싶지 않아. 지난 여름방학 때까지는 도시락 배달도 해주고 애들 학교에서 급식표도 줬는데 여름방학 끝나고는 그것마저 딱 끊네."

무너져가는 집이라도 손자들과 함께 살 수 있는 방 한 칸이 있어서 다행이다 싶었는데, 그 집 때문에, 팔십 노구로 두 손자를 키워야 하는 딱한 사정에도 불구하고 정부로부터 어떤 도움도 받을 수 없는 처지가 되어버린 것이다. 소문만 무성한 재개발 때문에 '딱지' 가격이 하루가 다르게 올라 1억 원을 호가한다지만 설혹 1억 원에 판다고 한들 서울 하늘 아래 어디에 지금과 같은 보금자리를 마련할 수 있을까.

누구도 쳐다보지 않던 할머니의 열여섯 평 무허가 판잣집이 어느 날 갑자기 '억' 소리 나는 딱지가 된 것은 개발 이익을 노린 투기 바람이 불었기 때문이다. 덕분에 가진 거라곤 50년 가까이 살아온 집 하나가 전부인 할머니도 정부지원이 필요치 않은 소득계층이 되어버렸다. 재개발 붐이 불기 전이나 지금이나 생계수단이 없어 공공근로와 폐지 줍기로 연명해야 하는 도시빈민이기는 마찬가지인데, 살고 있는 집의 가치가 높아졌다는 이유로 지원을 끊는다면 할머니로서는 억울한 일이 아닐 수 없다.

할머니의 안타까운 사정을 아는 사람들은 차라리 집을 팔고 월세를 살면 수급 대상자가 될 수 있으니 그렇게 해보라 권하기도 한다. 하지만 수급자 지정을 받기 위해 내 집을 팔고 남의 집에 얹혀 산다는 것은 누가 봐도 억지스러운 일이 아닐 수 없다. 그나마 집마저 팔고 나면 몇 년 못 가서 손자들과 거리에 나앉는 처지가 될까 두려워 집만큼은 지키고 싶은 것이다.

- "나야 이렇게 살다 가면 되지만 우리 손자들은 잘되었으면 좋겠어. 지금까지 착하게 잘 자라주었으니 앞으로도 그렇게 살았으면 좋겠네. 지들 말대로 돈 많이 벌어서 할미 호강시켜 주면 좋고, 그러지 않아도 나처럼 고생만 하지 않으면 되는 거지 뭐."

어느덧 날이 저물었다.
하루 종일 골목을 돌며 주운 폐지와 빈병을 싣고

두 손자들이 기다리는
집으로 향한다.

사진 남소연

06

일하고 싶지만
일자리가
있어야지

이금예
1929년생

이금예 할머니를 처음 만난 곳은 집이 아니라 근처 노인정이었다. 노인정에서 이웃 할머니들과 여가시간을 보내고 계신 줄 알았는데 아니었다. 다른 노인 분들을 위해 점심봉사를 하러 가신 것이었다. 아무리 노인정에 오시는 할머니들의 나이가 고령화됐다고 해도 여든이면 큰언니뻘은 되는 나이. 그 연세에 당신보다 어린 동생 할머니들을 위해 밥하고 반찬 만드는 일을 하신다는 것이 처음에는 쉽게 이해되지 않았다. 자식들이 해주는 밥을 앉아서 받아 드실 연세에 스무 명도 넘는 노인정 노인들을 위해 점심을 준비하는 것은 쉬운 일이 아니기 때문이다.

- "여기 노인정에 오는 할머니들, 점심 한 끼 따뜻한 밥 먹는 걸로 하루를 사는 분들이 거의 대부분이야. 요즘 누가 집에 있는 노인네들 식사 챙겨주나? 못사는 사람들이다 보니 며느리가 있어도 다 돈 벌러 나가고 점심에 노인네들 밥 챙겨주는 사람이 없거든."

늙으면 찬밥이 싫어

할머니는 영세민을 위한 영구임대아파트 단지 내에 있는 노인정에서 벌써 수년째 점심식사 준비를 맡아서 하고 있다. 영구임대아파트에 사는 대부분의 가구는 맞벌이를 하지 않으면 안 되는 형편이다. 그것도 안정적인 일자리가 아닌 일당노동이나 노점 등이 대부분이어서 부모의 식사 문제까지 해결해줄 처지가 되지 못한다. 따라서 노인들은 스스로 밥을 해결하거나, 여의치 않으면 아예 점심을 굶는 경우도 적지 않다. 노인정에서 먹는 한 끼 식사가 소중한 것은 이 때문이다.

사실 노인정에서 무료로 점심을 제공하는 경우는 흔치 않다. 정부가 노인정에 지원하는 보조금은 난방비와 전기료 등 시설운영비

정도가 고작이라 복지단체에서 전적으로 지원해주지 않는 한 1인당 3천 원 내외의 비용이 들어가는 무료점심은 생각할 수 없기 때문이다.

이금예 할머니가 점심봉사를 하시는 이곳 노인정도 사정이 다르지 않아 이웃 복지단체의 지원으로 급식을 시작하기 전에는 대부분의 노인들이 집에서 점심을 싸 오셨다고 한다. 하지만 그때도 김치 한 조각에 찬밥 한 덩이 넣은 도시락조차 들고 나오지 못하는 노인들이 허다했다니, 점심 한 끼라고 해도 노인정에서 점심을 해결하는 노인들이 받는 밥상은 황후의 밥상이 부럽지 않은 것이다.

- "늙으면 찬밥이 싫어. 입맛도 없는데 아무도 없는 집에서 혼자 뜨거운 물에 찬밥 한 덩이를 말아 점심을 때우려면 물에만 밥도 목으로 잘 넘어가지가 않거든. 요즘 누가 노인들 식성 따져가며 반찬 만들고 때 맞춰 더운밥 해주고 그러나. 어림없는 소리지."

동병상련(同病相憐). 다른 할머니들의 사정을 너무나 잘 알고 있기에 이금예 할머니는 하루도 노인정 점심봉사를 쉴 수가 없다. 갓 지은 밥과 뜨끈한 국, 입에 맞는 반찬을 먹고 "고맙다", "감사하다", "잘 먹었다" 인사하는 할머니들을 볼 때마다 매일매일 더 잘 해야겠다는 다짐이 생기고 그것 또한 기쁨과 보람이 된다는 것이다. 지난 몇 년간 아무리 급한 일이 있어도 노인정 급식봉사를 쉬어보지 않았다는 할머니. 점심식사를 끝내고 설거지까지 마치는 오후 3시가 넘어서야 이야기를 나눌 수 있었다.

■   "나도 가진 것 없고 가난한 사람이지만 그래도 남을 위해 봉사를 하니 기분이 좋아. 처음엔 여기 할머니들도 나이 많은 형님이 일한다고 말리고 그랬지만 내가 좋아서 하는 일이라 지금은 그러려니 하지."

팔순을 넘기신 연세. 당신 식사 챙기는 일도 귀찮을 텐데 할머니는 봉사의 기쁨과 보람 때문에 몸을 움직일 수 있는 한 노인정 급식봉사 일을 놓지 않겠다고 하신다. 게을러서 남을 돕기는커녕 제 살림도 제대로 하지 못하는 나로서는 할머니의 그런 부지런함이 존경스럽기까지 하다.

할머니가 옷을 갈아입는 동안 노인정 안을 둘러보니 바닥에 누워 낮잠을 청하거나 TV를 시청하고 계시는 할머니들이 눈에 띄고, 또 한편에서는 한 무리의 할머니들이 재미있게 화투를 치고 계신다. 점심을 해결했으니 노인정이 문을 닫는 오후 5시까지는 여기서 시간을 보내다 가면 되는 것이다.

이금예 할머니에게 화투를 좋아하시느냐고 물었더니, TV를 보거나 화투를 치거나 낮잠을 자면서 시간을 보내는 것이 너무나 아깝다고 하신다. 어린 시절부터 워낙 부지런함이 몸에 배어 일하지 않으면 오히려 몸이 아프고 마음도 심란해지기 때문에 바느질을

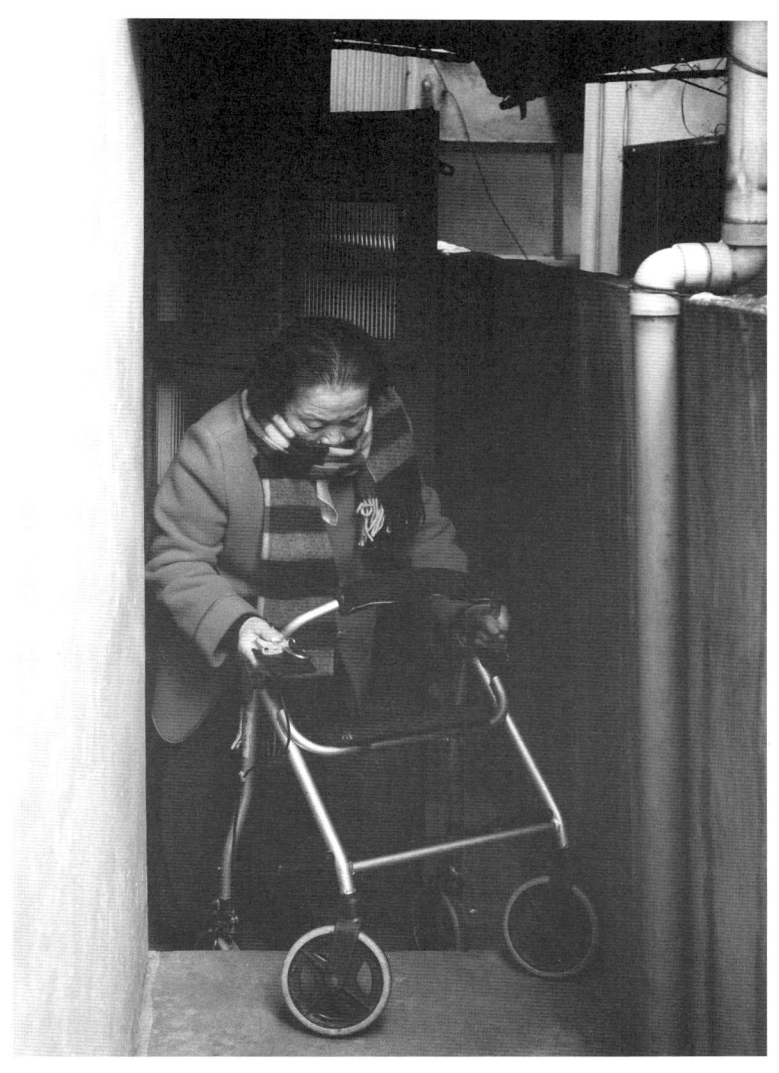

　　　　　　　　　　　　　　　　　　　　　　　　　　　　　　　· · · · · · · · · · ·
　　　　　　　보행기를 앞세우지 않고서는 거동이 불가능하지만 노인정 급식봉사를 쉬어본 적이 없다.

하든 청소나 빨래를 하든 몸을 쉬지 않으려고 한단다.

- "아침 6시에 일어나서 밥해 먹고 집 안 치우고 빨래하고 이것저것 일을 하다 보면 금방 8시가 되지. 그럼 노인정으로 나가는 거야. 일찍 가서 미리 준비해야 할머니들 점심시간에 맞추어 밥을 드릴 수 있거든."

혼자 살고 있지만 자신의 현실을 비관하고 슬퍼하기보다는 당신과 비슷한 처지의 다른 노인들을 돕는 일에서 보람을 찾는 할머니. 연세에 비해 활기차고 건강한 비결 역시 봉사라고 말씀하신다.

노인정 일을 마친 할머니와 함께 살고 계신 집으로 향했다. 서울 서대문구 남가좌동 단독주택 반지하방에 월세를 살고 계시는 할머니. 반지하 단칸방이라 좁고 어둡지만 할머니의 성격처럼 깔끔하게 잘 정돈되어 있다. 하지만 방바닥은 난방을 하지 않아 발이 시리다. 함께 간 우양재단의 김대현 팀장은 할머니가 일 년 내내 거의 난방을 하지 않으신다고 귀띔한다. 한 달 난방비로 5만 원이 드는데 할머니 형편에는 그것도 부담스러워 주무실 때만 잠깐 전기장판을 사용하는 것이 전부란다. 집에 오자마자 커피를 타고 과일을 깎아 내오시는 할머니. 언제 준비하셨는지 청포묵까지 푸짐하게 내놓으신다.

- "내가 음식도 잘하고 해서 남 대접하는 것도 좋아해.

이거 녹두 사다가 말려서 내가 직접 만든 거야. 우리 집엔 아주 귀한 맷돌이 있거든. 셋방살이를 해도 맷돌, 절구 같은 건 절대 버리지 않아. 방앗간에서 기계로 갈아 올 수도 있지만 재래식으로 하는 것이랑 맛이 다르거든. 출출할 시간인데 좀 먹고 해."

어려운 살림에도 불구하고 철마다 녹두가루를 만들고 나물거리를 말리고 밑반찬도 만들어 주변 노인들과 나눠 먹는다는 할머니. 그런 할머니를 보니 형편 때문에 남을 돕지 못한다는 말은 그저 핑계에 지나지 않는다는 생각이 든다.

어린 시절부터 일을 쉬어본 적 없어

평생을 개미처럼 일만 하면서 보냈다는 할머니의 고향은 지금은 갈 수 없는 북한 땅인 황해도 장단이다. 예로부터 부지런하고 생활력 강하기로 유명했던 황해도 아낙들. 할머니 역시 어린 시절부터 음식 솜씨며 바느질 솜씨며 길쌈 솜씨까지 근동에 소문이 자자했던 처녀였단다.

- "내 나이 열여섯쯤일 거야. 장단군에서 가마니 짜기 대회가 열렸거든. 그때 내가 대회에 나가서 1등을 했다우. 나이는 어려도 손끝이 여물고 재주가 있어서 못하는 게 없었지. 일본군

들이 집집마다 돌아다니면서 강제로 공출을 해 가는데 우린 가마니 5백 장을 내라는 거야. 그 5백 장도 거의 내 손으로 다 짰어. 자질(자로 물건을 재는 일), 바디질(베나 가마니를 짤 때 바디로 씨를 치는 일)도 얼마나 잘했다구."

어린 시절 추억을 들려달라니 평생을 손에서 놓지 못하셨다는 '일' 이야기부터 하신다. 보릿고개를 모를 정도로 부농 축에 드는 집안이었지만 어머니가 일찍 돌아가시는 바람에 어린 시절부터 논일, 밭일은 물론 집안일까지 도맡아 해왔다. 그런 때문일까. '일'을 빼놓고는 당신의 삶을 이야기할 수 없다고 하신다.

- "어린 시절부터 오늘까지 일을 쉬어본 적이 없어. 하루도 놀지 않고 열심히 일을 했지, 논일이고 밭일이고 음식 장만이고 바느질이고 가리지 않고. 지금도 그렇지만 그때도 일을 하는 게 참 좋았나 봐. 일을 하면 밥이 생기고 돈이 생기고 또 보람도 있고……. 지금도 가만히 앉아 놀고 있으면 '내가 지금 뭐 하나?' 하는 생각이 들어 잠시도 앉아 있거나 누워 있지 못해."

열일곱 어린 나이에 한 동네 사는 다섯 살 많은 총각을 신랑으로 맞은 할머니. 지금도 남편과 함께했던 짧은 결혼생활을 생각하면서 눈물지을 때가 많단다. 남북으로 헤어져 생사조차 확인할 길 없는 사람을 그리며 살아온 지 60년이 다 되어가지만 아직도 굳은살이 덜 박였는지 떠올릴 때마다 눈물이 앞을 가린다.

- "그 시절엔 신랑 될 사람 얼굴도 못 보고 결혼할 때지만 난 혼례식 전에 남편 될 사람을 봤어. 남편이 탄광으로 부역을 가게 됐는데 부역 가기 전에 우리 친정집에 들렀거든. 몇 년 살지 못할 운명이라서 그랬던가. 결혼해서도 각시한테 얼마나 잘해주던지……. 그땐 지금처럼 내놓고 표현하지 못하던 시절이었잖아. 하지만 남편은 달랐어. 논일을 하다가도 밭을 매다가도 각시가 보고 싶어 잠깐 다녀갈 정도였으니까. 각시를 너무 위해 줘서 어른들이 흉을 보셨다니까."

1945년 해방이 되던 해에 혼례를 치른 할머니는 5년 후 한국전쟁의 와중에 남편과 헤어진다. 세 살짜리 아이를 남기고 사라진 남편. 새파란 청춘 스물둘에 청상 아닌 청상이 된 것이다.

- "회의를 한다며 마을회관 같은 곳에 동네 청년들을 모이라고 해놓고는 집으로 돌려보내지 않은 거야. 회의하러 갔다는 사람들은 어디로 갔는지, 뭐 하러 갔는지 소식을 알 수 없고 전쟁이 났지. 그래서 시댁 식구들과 함께 난리를 피해 내려왔어. 스물둘에 두 돌 된 아이를 업고 피난을 와서 안 해본 일 없이 살았네."

....
한국전쟁 때 헤어진 남편을 생각하면 아직도 눈물이 난다.
짧은 결혼생활이었지만 가장 행복했던 시절이었기에 애틋한 그리움을 늘 품고 산다.

외아들 뒷바라지로 희생한 삶

꿈결처럼 짧았던 할머니의 행복은 한국전쟁으로 산산이 부서지고 이후로는 남편과의 사이에 낳은 유일한 핏줄인 아들을 위해 희생한 삶이 이어졌다.

- "시아버지와 함께 살 땐 단 한 번도 내가 품삯을 받아본 적이 없어. 나는 사시 밥과 참을 챙겨 먹는 것으로 만족했구 품삯은 시아버지 몫이었지. 얼마를 받으셨는지 어디에 쓰셨는지 알지 못하고 그저 매일 일만 했어. 배만 곯지 않아도 다행인 시절이었기 때문에 내 품삯을 시아버지가 가져간다고 해도 불만을 가져본 일이 없어."

할머니는 시아버지가 돌아가신 뒤에야 비로소 아들을 데리고 분가했다. 지금도 그렇지만 그 시절에는 더욱 혼자된 여자가 할 수 있는 일이 많지 않았다.

- "아들 고등학교는 보내야 하는데 수중에 돈이 한 푼도 없는 거야. 그래서 셋방살이하던 집에다 미싱을 들여놓고 조그맣게 한복집을 차렸지. 처음엔 한벌 두벌로 시작을 했는데 바느질이 좋았는지 소문이 나서 한동안 바쁘게 일했네. 그걸로 아들 고등학교를 마쳤어."

밤잠을 자지 못하고 눈에 핏발이 서도록 열심히 바느질을 했지만 가난은 쉽게 해결되지 않았다. 아들 학비에다 방세를 내기도 빠듯한 살림. 한복 바느질로는 먹고사는 정도를 해결할 뿐 하나뿐인 아들 뒷바라지조차 제대로 하기 어려운 형편이었다. 호텔 청소일도 해보고 남의 집 식모살이며 파출부며 돈이 되는 일이라면 뭐든 마다하지 않고 열심히 했다. 그러다 보니 소문이 났던지 어느 부잣집에서 입주 가정부를 찾고 있는데 해보지 않겠느냐는 제안을 받게 되었다.

- "열심히는 살았지만 워낙에 바닥이 아무것도 없어서 그런지 일어서기가 쉽지 않더라구. 한복 바느질삯으로는 먹고살기에도 바쁘고, 그래서 아들을 시댁에 맡기고 부잣집 가정부로 들어갔지. 그렇게 몇 년 일을 하다가 주인집 식구들이 모두 미국으로 가게 되었는데 나도 따라가게 된 거야. 그 집이 파티도 자주 하고 손님도 많았던 집이라 음식 솜씨 좋은 가정부가 필요했는데 내가 꼭 함께 가주길 원하더라구."

덕분에 생각지도 못했던 미국 생활을 하게 되었다는 할머니. 주인집 가족들과 함께 다녀온 나이아가라 폭포와 자유의 여신상을 아직도 잊을 수 없다며 그때 찍은 사진들을 보여주신다. 서른 후반의 젊고 고운 할머니의 모습이 거기 있었다.

- "그때만 해도 한국은 물자가 그렇게 충분하지 않을 때였는데 미국에 가보니 정말 대단하더라구. 사람도 많고 차도 많고, 높은 빌딩, 좋은 집, 먹을 것도 입을 것도 그렇게 많을 수가 없어서 '여기가 바로 천국이구나' 그랬다니까."

할머니의 미국 생활은 오래가지 못했다. 비자 문제 때문에 2년 만에 한국으로 돌아와야만 했던 것이다. 2년간 받은 월급을 꼬박꼬박 모아 전세방을 얻었지만 아들의 학업을 뒷바라지하고 생활비를 벌기 위해서는 일을 쉴 수 없었다.

- "가정부도 하고 파출부도 하고, 남의 집일을 계속 다녔지. 놀면 뭐해, 하루 일하면 그만큼 돈을 버는 건데. 일하지 않으면 누가 돈을 주나? 솜씨가 좋아서 그런지 부지런해서 그런지 한번 들어가면 나간다고 할까 봐 다들 걱정을 했어. 그렇게 벌어서 아들 공부 마쳐주고 결혼시키고……. 아들 장가보낸 후에도 간병인을 하면서 내 생활비를 벌어 썼어."

어려운 환경 속에서 애지중지 키운 외아들이지만 할머니는 결혼하는 아들에게 따로 살림을 내주었다. 당신이 못해본 아름다운 결혼생활을 아들만은 누리길 바랐던 것이다. 그때만 해도 젊었기 때문에 자식 내외에게 부담을 주고 싶지 않았다.

- "아들이 결혼한 후 지금까지 단 한 번도 아쉬운 말을 해본 적이 없어. 처음엔 그저 아들 내외 행복하게 사는 것만이 보람이었지. 그래서 나는 괜찮으니 신경 쓰지 말고 니들 부부만 행복하게 잘살라고 했어. 그땐 나도 벌 능력이 되니 그렇게 말했던 건데…… 정말 한 번도 생활비나 용돈을 안 주데……."

젊은 시절 손톱이 닳고 손마디가 불거지도록 열심히 살아왔건만 여든하나의 노구가 된 지금 할머니에게 남은 것은 남의 집 반지하 냉방에서 홀로 잠을 청해야 하는 '독거노인'이라는 쓸쓸한 수식어뿐이다. 아들이 있는 할머니가 왜 독거노인이 되어야 했을까?

몇 년 전 결혼에 실패하고 큰 빚까지 떠안게 된 아들 역시 손자를 혼자 키우며 정신적, 물질적으로 어려운 상태에 있는지라 할머니로서는 아들에게 도움을 주면 주었지 받을 수 없는 형편이란다. 사실 할머니는 당신 걱정보다 아들 걱정에 잠을 이루지 못하신다. 당신은 이미 늙고 살날이 많지 않아 이렇게 살다 가면 그만이겠지만, 아직 젊고 살날이 많은 아들이 손자와 함께 살아갈 것이 걱정되어 잠 못 이루는 밤이 많다는 것이다.

- "부지런히 사는 것이 좋아. 몸이 피곤해야 이런저런 걱정으로 밤을 지새우지 않고 잠을 잘 수 있거든. 즐겁게 살려고 애를 쓰지만 마음 한구석 아들 걱정을 떨쳐내기 어렵지. 어느 부모든 자식 걱정 없는 부모가 어디 있겠어. 아들 때문에 내가 수

신발도 주인을 닮는 걸까. 외출할 때마다 조심스럽게 아껴 신는 정갈한 구두는 마치 오랜 친구 같다.

급자 지정을 받지 못한다고 해도 아들은 아들이잖아. 오죽하면 엄마를 이렇게 놔두고 있겠어. 아들 마음도 많이 속상할 거라구."

헤어진 남편, 하늘나라에서 만날 수 있으려나

이런저런 걱정으로 잠을 이루지 못하는 밤이면 한국전쟁 때 남북으로 헤어져 소식을 알 길 없는 남편이 더욱 그리워진다는 할머니. 짧은 결혼생활이지만 너무나도 아름다웠고 행복했던 시간이기에 그때를 떠올리면 아직도 눈물이 그치지 않는다고 한다.

- "아무래도 죽은 것 같아. 그렇기에 이렇게 못 만나지. 이산가족 찾기도 계속 신청하고 있는데 찾을 수가 없다는 거야. 다른 사람들은 다 찾는데……. 차라리 죽었다고 말해주면 마음을 접을 텐데 죽었다는 말도 없고 살았다는 말도 없으니……. 살아 있더라도 이제는 나이가 많아서 살아 있으려니 생각할 수도 없고. 내가 죽으면 하늘나라에서 만날 수 있으려나……."

"부지런이 반복(半福)이다"라는 말을 좋아하신다는 할머니. 평생을 일만 해온 탓에 지금은 관절염까지 생겨 한쪽 다리를 절며 걸어야 할 만큼 몸이 불편하지만 그런 중에도 일할 수 있는 힘이 있고, 일하는 재주와 솜씨가 있고, 타고난 부지런함이 있어서 복으로 여기고 사신다니 젊은 사람들에게 귀감이 되지 않을 수 없다.

  두어 시간 넘게 방바닥에 앉아 이야기를 나누다 보니 할머니의 이야기에서 전해오는 따뜻함에도 불구하고 불길 없는 방바닥에서 올라오는 냉기는 어쩔 수가 없다. 방석을 두 장씩 깔고 앉아도 해결되지 않는 냉기. 할머니는 이렇게 차가운 방에서 겨울을 나신다는데 쌀 지원만큼이나 필요한 것이 독거노인들의 난방비 지원이라는 생각이 들었다.

"할머니 춥지 않으세요? 이런 날씨에는 난방을 하셔야지 감기 들면 어쩌시려구요. 바닥이 차서 발이 이렇게나 시린데……."

■　　"난 추위를 잘 타지 않아. 그래서 한겨울에도 보일러를 잘 켜지 않고 사는데 견딜 만해. 다행히도 좋은 체질을 타고났지? 그나저나 손님이 추워서 어쩌시나? 방석이라도 하나 더 깔아드릴까?"

인터뷰를 마치고 나오는 길. 김대현 팀장이 귀띔해주지 않았다면 난 정말 할머니를 강철체력으로 오해할 뻔했다.

"이금예 할머니, 아까는 추위를 타지 않는다고 하셨지만 그건 듣기 좋으라고 하시는 말씀이구요, 당장 난방비 낼 돈이 없으니 보일러를 켤 수 없는 거죠. 그래도 워낙 씩씩하셔서 그런지 없다, 아쉽다, 도와달라 그런 말씀은 하지 않으세요. 오히려 주변의 더 어려운 노인 분들을 도와주려고 노력하시죠. 저도 할머니를 통해 배우는 점이 많습니다."

할머니가 아침 일찍 노인정에 나갔다가 늦은 시간이 되어서야 집으로 돌아오시는 것도 다 그 때문이라고 한다. 집에 난방을 하지 못하니 정부지원금으로 난방을 하는 노인정에서 시간을 보내다 오신다는 것이다.

할머니의 한 달 수입은 노령연금 8만 4천 원이 전부다. 노인일자리사업을 통해 일을 하면 한 달 20만 원의 수입이 추가된다고 하지만, 이 사업으로 제공되는 일자리도 그리 많지 않아 일 년 중 서너 달 정도만 일을 할 수 있기 때문에 부족한 생활비를 보충하기 위해 폐지를 주울 수밖에 없다. 상황이 이렇다 보니 절약하고 또 절약해도 늘 돈에 쫓기는 살림이 될 수밖에 없다. 추위를 잘 타지 않아서 난방을 하지 않는 것이 아니라 난방비가 없어 보일러를 켜지 못하는 것이다.

하지만 할머니는 당신의 어려운 처지를 비관하지 않는다. 오히려 봉사를 통해 기쁨을 얻고 나눔을 통해 행복을 누리는 것이다. 몇 년 전 각막기증을 약속하셨다는 할머니. 며칠 후엔 시신기증 서약서에도 서명을 할 계획이란다. 살면서 열심히 해온 봉사를 죽어서도 이어가고 싶으신 마음이다.

▪ "죽으면 다 소용없어. 죽은 시신이라도 누군가를 위해 쓰인다면 얼마나 좋아. 세브란스병원에 기증약속을 하기로 했는데 장례도 병원에서 잘 치러준다고 하더라구. 우리같이 어려운 사람들은 죽어도 힘들어. 장례비가 없어 자식들이 빚쟁이가 되게 하면 안 되잖아."

나도 가진 것은 없지만
어려운 사람들 돕고 싶어.

개미처럼 끊임없이 일만 하며 지내온 한평생.
노인정 봉사도 모자라 이젠 남아 있는 몸마저
기꺼이 내놓으려 한다.

사진 남소연

07

8만 4천 원으로 한 달을 사는데 어떻게 병원에 가겠어

유옥진
1933년생

유옥진 할머니의 집을 찾아가는 길은 유난히 복잡했다. 좁은 골목에 작은 주택들이 모여 있는 동네라 주소만 가지고 집을 찾는 일이 쉽지 않았다. 동네를 몇 바퀴나 돌고서야 겨우 할머니와 통화가 되었다.

집 근처 어린이놀이터에서 우리를 기다리다가 바람이 불고 추워서 다시 집으로 들어가셨다는 할머니. 우리의 모습을 확인하시더니 수줍게 웃으며 얼른 들어오라고 하신다.

- "집 찾느라 고생했지? 여기 골목이 다 비슷비슷해서 처음 찾아오는 사람들은 집 찾느라 고생을 하더라구. 추운데 이리 들어와."

우양재단에서 들고 간 김치와 쌀을 받아 부엌 한쪽에 놓으시는 할머니. 할머니는 서울 강서구 화곡동에서 방 하나에 부엌이 딸린 3천만 원짜리 반지하방에 전세를 살고 있다. 그것도 친구에게 5백만 원을 빌려서 얻은 방이란다. 부엌에는 오다가다 주워 들인 빈병과 폐지들이 모여 있고, 방금 저녁을 드셨는지 청국장 냄새가 구수하다.

무릎수술 했지만 재활치료는 꿈도 못 꿔

- "친구가 청국장을 띄워다 줘서 끓여 먹었는데 냄새나지? 어쩌나······. 그래도 겨울엔 김치에 청국장만 있어도 살지. 우양에서 쌀이랑 라면이랑 가져다줘서 굶지는 않아. 얼마나 고마운 분들인지 모른다니까."

실내에서도 두꺼운 겉옷을 벗지 않으시는 할머니. 아늑하게 보이는 작은 집이었지만 이내 발과 코가 시려왔다. 난방비가 두려워 보일러를 켜지 않고 지내기 때문이다. 난방비를 걱정하는 독거노인들에게 바닥에서 올라오는 냉기와 습기를 막아주는 침대는 가구 이상의 역할을 한다. 침대 위에 깔아놓은 전기담요의 온기에 의지해 겨울을 나는 노인들. 대부분 전기담요의 열을 오래 보존할 요량으로 여러 겹의 이불을 덮어 사용하고 있는데, 전기담요가 과열되어 화재라도 발생하면 어떻게 하나 걱정이 되는 장면이다.

할머니는 첫눈에도 건강이 좋지 않아 보였다. 얼굴에는 울긋불긋 반점들이 올라와 있고 각질도 하얗게 일어나 있다. 얼굴도 몸도 많이 부어서 무척 아픈 사람처럼 보인다고 하자 커다란 약봉지를 보여주며 고혈압과 당뇨, 천식이 있어서 매일 한 주먹씩 약을 복용해야 한다고 하신다.

- "무릎관절 수술을 받고 재활치료를 해야 하는데 그것도 거의 못하고, 잘 먹지도 못하고……. 독한 약을 먹어서 그런지 온몸에 피부병이 생겨서 가려워죽겠어. 연고를 발라도 그때뿐이고 피부가 가죽처럼 뻣뻣해졌다니까."

할머니와 같은 피부병을 앓고 계신 노인을 만난 적이 있다. 비위생적인 주거환경도 문제이지만, 대부분은 영양실조에 따른 피부질환이다. 영양상태가 좋지 않다 보니 피부에 염증이 생겨도 잘 낫지 않고 오래가거나 고질병이 되어버리는 것이다. 수술 후유증을 극복하려면 양질의 단백질이 들어간 영양가 높은 식사와 꾸준한 재활치료가 뒤따라야 하는데 복지단체에서 가져다주는 쌀과 김치로

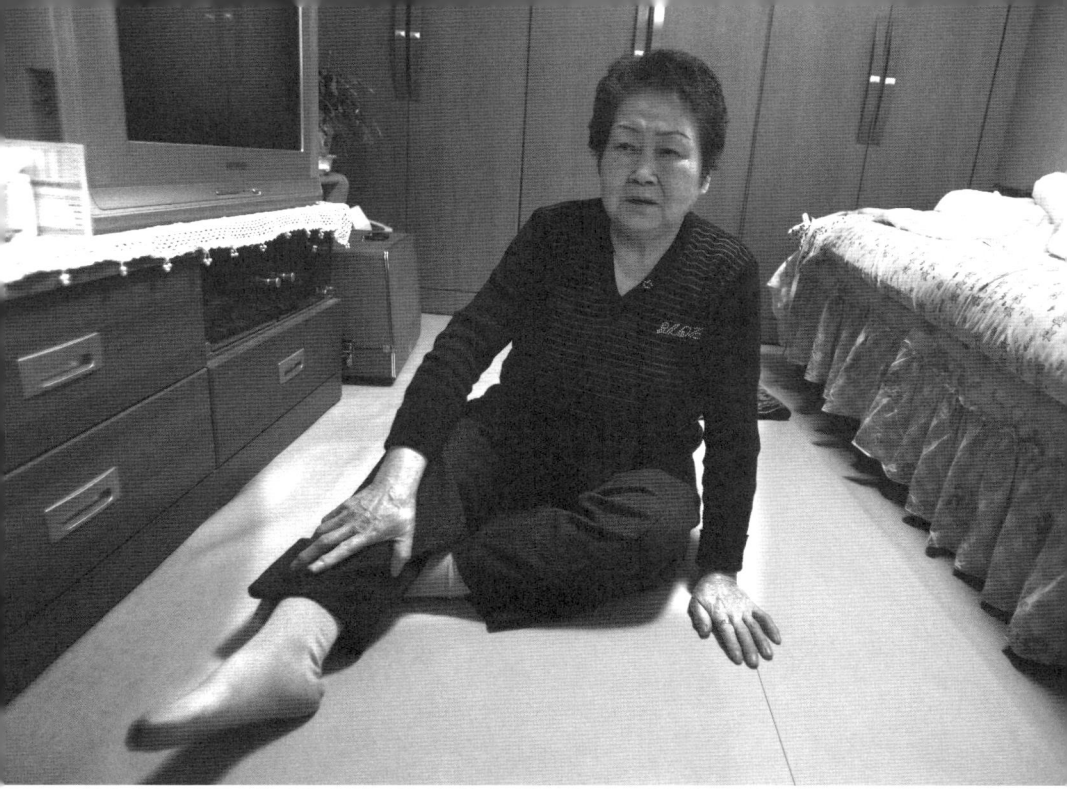

....
친구의 도움으로 무릎관절 수술을 받았지만
굽혔다 폈다 하기가 어려워 바닥에는 잘 앉지 못한다.
재활치료를 받아야 하는데 병원 갈 돈은 없고……
그래도 통증이 사라져 잠이라도 편히 잘 수 있으니 더 바랄 게 없다.

연명해야 하는 할머니에게는 꿈만 같은 일이다. 수입이라고는 8만 4천 원의 노령연금이 전부인데 그나마 병원비와 공과금을 내고 나면 고기는커녕 생선 한 토막을 밥상에 올리는 것도 쉽지 않기 때문이다.

여든을 코앞에 둔 연세에도 참으로 고운 얼굴의 할머니. 모르는 사람에게 당신의 기구한 삶을 내보이는 것이 창피하다며 선뜻 이야기를 꺼내놓지 못하셨지만, 잠시 침묵이 흐른 뒤 가슴에 대못처럼 박혀 있는 아픈 이야기를 시작하셨다.

누명을 써도 속으로만 삭이고

유옥진 할머니는 당신 몸으로 아이를 낳은 적이 없다. 하지만 호적에는 세 아들이 올라와 있다. 남편과 남편의 전처 사이에서 태어난 아들들이다. 낳은 정보다 기른 정이라는 말을 믿고 세 아들을 위해 남편과의 사이에 아이를 낳지 않았지만 이제 와 생각해보면 가장 후회되는 일이 아닐 수 없단다.

할머니가 처녀 몸으로 아이가 셋이나 딸린 홀아비에게 시집을 간 건 순전히 호랑이처럼 무서웠던 어머니 때문이었다. 부모님이 죽으라면 죽고 살라면 사는 시늉이라도 해야 했던 그 시절, 아이 셋 딸린 홀아비라도 먹고살 걱정은 하지 않아도 되니 시집을 가라는 어머니 말씀에 감히 싫다는 소리를 할 수가 없었다.

- "우리 어머니는 나한테 왜 그리 모질게 굴었는지 몰라. 학교도 보내지 않고 죽어라 일만 시키고 그것도 모자라 욕하고 때리고……. 지금도 어머니가 꿈에 보이면 무서워서 도망치다가 깬다니까."

지나간 시절의 기억은 모두가 아픔뿐이라 생각하면 눈물만 난다는 할머니. 그래도 부모님께 사랑받던 어린 시절이 있지 않았겠느냐는 말에 진저리를 치듯 고개를 저으신다. 가난한 집안의 맏딸로 태어난 죄로 어머니의 구박 속에서 동생들을 돌보고 집안일을 했던 기억이 악몽과도 같다는 것이다.

- "내 아래로 두살 세살 터울로 태어난 동생들이 다섯이나 됐는데 그 아이들 돌보는 건 모두 내 몫이었어. 대여섯 살부터 동생들을 업고 다니면서 집안일도 하고 그랬지. 친구들이 학교 갈 때도 나는 동생들 업고 집안 살림 하느라 공부는 꿈도 꾸지 못했어. 우리 어머니가 책 같은 것도 다 아궁이에 불쏘시개로 던져버리고 그랬거든."

공부라고는 일제강점기에 초등학교 2년을 다닌 것이 전부라는 할머니. 학교만 다녀오면 어머니의 불호령이 떨어지는 바람에 더 다니고 싶어도 다닐 수가 없었다.

- "왜정 때 방학국민학교를 다녔는데 그나마도 2학년 다니다 말았어. 학교 가면 일본말 못한다고 선생님이 때리고, 집에 오면 집안일 안 하고 학교 갔다고 어머니가 때리고……. 내 나라 말도 아니고 남의 나라 말인데 집에 와서 숙제도 하고 복습도 해야 늘지. 그런데 학교 갔다 오면 책가방 열어볼 새도 없이 동생 업고 나가서 어머니 일을 도와야 하니 언제 배워."

아직도 어머니가 큰딸인 자신에게 왜 그리 모질게 굴었는지 이해할 수 없다는 할머니. 이웃사람들마저 어머니에게 계모도 아니면서 왜 그리 딸에게 모질게 구느냐고 할 정도였다니 어린 마음에 얼마나 큰 상처가 되었을까.

- "일 못한다고 때리고, 게으르다고 욕하고, 눈치 없다고 꼬집고……. 어머니가 무서워서 어린 시절부터 한 번도 기를 펴고 살았던 적이 없는 것 같아. 어린 시절부터 너무 기를 죽여놓으니까 나중에 어른이 되어서도 바보가 되더라구. 억울하게 누명을 써도 아니라고 당당하게 말대꾸 한번 못해보고, 욕을 먹어도 같이 욕 한번 해보지 못하고……. 그저 속으로만 삭이고 살다 보니 사람들도 나를 아주 바보 취급하는 거야."

동생들 돌보랴, 집안일 하랴, 살림 밑천이라는 맏딸 노릇 하랴, 어떻게 스무 살이 되었는지도 모르는 어느 해 봄날, 할머니는 결혼을 한다.

- "어머니 말이 애가 셋 딸린 홀아비인데 재취자리이긴 해도 먹고사는 데는 지장이 없을 테니 시집을 가라는 거야. 요즘 애들 같았으면 처녀에게 재취자리가 웬 말이냐고 난리를 쳤겠지만, 난 대꾸 한번 하지 않고 어머니 시키는 대로 시집을 왔지. 어머니가 너무나 무서워서 죽으라면 죽고 살라면 살던 시절이었으니 그보다 더한 자리에 가라고 해도 두말 않고 갔을 거야."

어머니의 불호령이 무서워 생각할 겨를도 없이 치른 결혼식. 결혼 이후의 생활이 두렵긴 했지만 이제 어머니에게서 벗어날 수 있다는 생각에 솔직히 그리 싫지만은 않았다. 어떤 생활이 되든지 어머니의 구박 속에서 사는 것보다는 나으리라는 생각도 들었던 것이다.

이미 알고는 있었지만 정말 결혼식을 하고 집에 가보니 여덟 살, 일곱 살, 다섯 살짜리 아이들이 새까만 눈을 깜박이며 새어머니를 기다리고 있었다.

- "시집을 가니 첫날부터 빨래가 산더미였어. 홀아비에 아들만 셋이니 오죽하겠어. 하루 종일 애 셋 씻기고 먹이고 입히고, 바느질에 빨래에 일은 왜 그리 많은지…… 일을 하다 보면 어느새 저녁이야. 그냥 지쳐 쓰러져 잠이 들면 또 아침이고…….

. . . .
손님이 오면 마실 거라도 한잔 대접하고 싶다.
오늘은 커피를 타려고 물을 끓이고 찻잔을 꺼내느라 분주하다.

남편이라는 사람은 결혼만 했지 자기 일에 바빠 각시한테는 신경도 쓰지 않고…….."

할머니는 당신 소생의 자식이 없다. 남편도 친정어머니도 당신 스스로도 아이를 낳지 않기 위해 노력했다고 한다. 기른 정이 무섭다고 아이들은 새엄마를 잘 따랐고, 할머니 역시 세 아들에게 정성을 다했다.

임신과 출산의 욕구마저 억누른 삶

■   "임신을 해본 적이 없어. 결혼 전부터 어머니가 그러시더라구, 남편 될 사람이 이미 아이가 셋이나 있어서 배다른 아이를 원치 않는다고. 그러면서 나보고 '아나보라'(여성용 경구 피임약)를 꼭 먹으래. 어머니가 시키는 대로 그 약을 먹었지. 몸에 좋은지 나쁜지도 모르고 그냥 어머니가 먹으라니 먹은 건데 남편 죽기 전까지 먹었으니 17년은 먹었는가 봐."

이때도 할머니는 친정엄마가 계모가 아닌가 하는 의심이 들었다고 한다. 어떻게 자신의 분신 같은 딸에게 아이를 갖지 말라며 피임약까지 권할 수가 있을까.

- "원래 부모복 없는 년이 남편복도 없고, 남편복 없는 년이 자식복도 없는 법이지."

당신의 기구한 운명이 이미 어린 시절부터 시작되었다고 믿고 계신 할머니. 단 한 번도 누군가에게 사랑과 관심을 받거나 귀히 여김을 받아보지 못했던 당신의 인생이 스스로 생각해도 측은하고 안쓰러워 눈물로 베개를 적신 밤이 적지 않단다.

젊은 시절 임신과 출산의 욕구마저 약으로 잠재우며 살아야 했던 17년의 결혼생활. 할머니가 보여주신 가족사진을 보니 젊은 시절 남편은 한눈에도 호감이 가는 훤칠한 미남이었다. 세 아이가 있었지만 그래도 신혼 시절이 있었을 텐데 남편과의 사이는 어땠는지 물으니 대답 대신 남인수라는 가수가 부른 〈청춘고백〉이라는 노래를 들어본 적 있냐고 물으신다.

- "내가 살아보니 말에는 거짓이 있어도 노래에는 거짓이 없는 것 같아. 나는 남인수의 〈청춘고백〉을 들으면 정말 내 심정인 것 같아서 눈물이 난다니까. 어느 날 〈가요무대〉에서 이 노래가 나오는데 그만 설움이 북받쳐 펑펑 울었네. '봉오리 꺾어서 울려놓고 본체만체 왜 했던고' …… (눈물) 이게 바로 내 심정이야."

청춘고백

헤어지면 그리웁고 만나보면 시들하고 몹쓸 것 이내 심사
믿는다 믿어라 변치 말자 누가 먼저 말했던고
아아 생각하면 생각사록 죄 많은 내 청춘

좋다 할 때 뿌리치고 싫다 할 때 달겨드는 모를 것 이내 마음
봉오리 꺾어서 울려놓고 본체만체 왜 했던고
아아 생각하면 생각사록 죄 많은 내 청춘

할머니의 결혼생활은 경제적으로 궁핍하진 않았지만 알맹이가 빠진 포장과도 같은 것이었다. 남편에게 필요했던 건 아내가 아니라 어머니를 잃은 세 아들의 육아와 집안 살림을 맡아 해줄 착한 여자였던 것이다.

전처를 잊지 못했던 것인지, 새 아내에게 정붙이기가 두려웠던 것인지, 남편은 어린 아내를 집에 두고도 밖으로 도는 날이 많았다. 부부생활이 무엇인지 몰랐던 결혼 초기엔 차라리 그러는 남편이 고맙기도 했지만, 어느 날인가부터는 그런 남편의 무관심이 서운해지기 시작했다.

■ "아이들이야 엄마가 없었으니 오죽했겠어. 처음부터 낯을 가리지 않고 '엄마, 엄마' 부르며 잘 따랐지. 애들 아버지

살아 있을 때만 해도 말썽 부리지 않고 착하게 잘 컸어. 남편은 사업한다고 하면서 밖으로만 돌고…… 부부의 정이라고는 모르고 살았어. 그러다가 애들 조금 키워놓고 나니 먼저 가버린 거야. 나이 서른일곱에 혼자되었어."

그렇게 일찍 떠나려고 새 아내에게 정을 주지 않았던 것일까. 남편은 때 이르게 병으로 세상을 떠나고 말았다. 비록 부부의 정은 모르고 살았지만 자식을 키운 정은 깊었다. 시집온 첫날부터 아이들 키우는 일에 최선을 다했기에 비록 내 배 아파 낳은 자식은 아닐지라도 정이 들 대로 든 것이다. 당시만 해도 아직 부모의 손길이 필요한 아이들을 버리고 혼자 잘 살겠다는 생각은 할 수 없었다. 다른 모든 엄마들처럼 남겨진 세 아이들을 보란 듯 잘 키우고 싶었다. 그렇게 살다 보면 아이들도 다 자라고, 언젠가는 그런 수고에 대한 보람을 얻는 날도 있을 거라는 기대를 하며 지냈다.

- "남편이 갑자기 떠나고 나니 아무것도 할 수가 없는 거야. 아이들은 학교를 다 마치지 못한 상태고. 그래서 갖고 있는 것을 하나씩 팔아서 애들 학교 보내고 먹고살았지. 남은 재산이 좀 있었지만, 돈 버는 사람 없이 곶감 꼬치 빼먹듯 빼먹고 살다 보니 금방 형편이 어려워지더라구."

가지고 있던 재산으로 세 아이들 뒷바라지를 하며 어느 정도 키

....
젊은 시절 사진을 들고 활짝 웃어본다. 그 시절엔 왜 그렇게 주눅 들고 숨죽이며 살았을까.
사랑하고 사랑받으며 행복하게 살고 싶었던 나의 청춘.

위놓았는가 싶었는데, 자식도 품 안에 자식이라고 다들 제 몫의 일자리를 구하고 결혼해서 제 가정을 꾸리다 보니 할머니는 그야말로 오갈 데 없는 신세가 되어버렸다. 큰아들이 직장을 구하고 결혼도 하면서 한숨 돌릴 줄 알았지만 심한 고부갈등 때문에 같이 사는 일이 쉽지 않았다. 결국 짐을 싸서 집을 나와 혼자 생활한 것이 벌써 30년이 되어간다.

- "내 배 아파 낳은 자식들도 부모를 버리는 세상인데 낳지도 않은 자식에게 뭘 바라겠어. 그저 한때 내가 같이 살았고 나에게 어머니, 어머니 했던 애들이 있었다고 생각하며 사는 거지. 키워준 공 생각하면서 서운한 마음 먹으면 나만 더 괴로운 거야. 다 잊고 살아야지."

빈주먹으로 아들집을 나와 당장 살길이 막막했던 할머니는 주변 사람의 도움으로 인형공장에 취직을 하게 된다. 가진 돈이 없어 보증금 없는 월세를 살던 때였는데, 인형공장에서 한 달 일하고 받은 월급 35만 원은 큰돈이 아닐 수 없었다.

- "그래도 월급을 받으니 살겠다 싶더라구. 그 돈 받아서 방세 내고 조금씩 모아서 보증금도 마련하고, 제품공장에서 시다도 했고……. 전에는 이 근처(화곡동)에 공장이 많아서 일을 하러 다니기 좋았는데 이제는 공장들이 다 문을 닫아서 우리 같

은 사람은 일할 데가 없어."

20년 넘게 다니던 인형공장과 제품공장이 사업부진으로 문을 닫게 되니 당장 먹고살 거리를 마련하기 위해 봉투라도 접어야 했다는 할머니. 몇 년 동안 봉투 접는 일을 하다 보니 손이 다 닳아 지문이 반질반질해질 정도다.

배 아파 낳은 자식도 부모 버리는 세상인데

■ "봉투 백 개 접으면 1500원이야. 하루에 3백 개도 접고 4백 개도 접고……. 늙으면 잠도 없잖아. 봉투를 접다 보면 잡념도 없어지고……. 봉투가 없을 땐 복지관으로 수의도 만들러 가는데 점심값도 부담이 되더라구. 점심값이 1500원인데 그것도 열흘이면 벌써 만 5천 원이잖아. 오고 가는 차비 하고 점심값 하고 나면 별로 남는 건 없지만 그래도 노는 것보다는 낫지."

2009년 가을까지 봉투 접기며 수의 만들기며 적은 수입이지만 일을 쉬지 않았는데 당분간은 다시 일을 하기 어려운 상황이다. 11월 중순 호주에 살고 있는 친구 딸의 초청을 받아 무릎관절 수술을 받고 돌아오신 지 얼마 되지 않았기 때문이다.

- "나랑 어릴 적부터 친한 동네친구야. 젊은 시절 그 친구네 집이 무척 가난했지. 매일 애들하고 옥수수가루만 먹고 살았거든. 그때 내가 남편 몰래 쌀도 퍼다 주고 이렇게 저렇게 도움을 좀 줬어. 나중에 내가 도움을 받으려고 그렇게 한 건 아니었는데…… 그걸 잊지 않고 호주 사는 친구 딸이 날 데려다 이렇게 관절 수술을 시켜줬네. 수술하고 바로 돌아왔는데 물리치료를 받아야 한다지만 그것도 하루에 5천 원이나 하니 다닐 수가 있어야지."

부모복도 남편복도 자식복도 없다는 할머니. 하지만 늘그막에 외로운 처지를 동병상련하며 같이 울어줄 수 있는 친구들이 있어 그나마 위안이 된다.

- "우리 친구가 반찬도 해다 주고 청국장도 띄워다 주고 심심할 때 와서 말동무도 해주고 그러지. 폐지 팔아서 반찬도 사고 생선도 사서 나한테 나누어주는 거야. 그래서 나도 밖에 나가면 빈손으로는 안 들어와. 친구 오면 주려고 폐지랑 빈병이랑 보이는 대로 주워 문밖에 모아두지. 서로 돕고 사는 거지 뭐."

유옥진 할머니의 문제는 무엇보다 건강이다. 다행히도 친구의 도움으로 인공관절 수술을 받았지만 수술 후 반드시 뒤따라야 하는 재활치료나 물리치료를 받지 못할 경우 관절을 구부릴 수 없는 또 다른 장애가 생기기 때문이다. 수술 후 영양섭취를 제대로 하지 못해 온몸에 피부병이 생기고 심각한 부종증세를 보이고 있지만 돈이 없어 치료를 받지 못하고 있는 할머니. 지금의 생활형편으로는 간신히 밥만 먹고 살 뿐 영양섭취나 재활치료는 꿈도 꾸지 못하는 안타까운 상황이다.

대부분의 독거노인들은 병원에 쉽게 가지 못한다. 기초생활수급자가 아닌 경우 병원비와 약값 등을 스스로 해결해야 하는데 돈이 없어 병을 키울 수밖에 없다. 그러다 보니 유옥진 할머니처럼 수술을 하지 않으면 걷지 못하는 상황이라도 치료나 수술은 엄두도 내지 못한다. 가지고 있는 재산이 없고 경제활동마저 하지 못하는 독거노인의 경우 질병이 곧 죽음이라는 생각을 하게 되는 것도 무리가 아니다.

- "아프지 않으니까 살겠어. 수술 전에는 다리가 아파서 잠도 거의 못 자고 밤새 울다시피 했는데 지금은 뻗정다리가 되었을망정 아프지는 않으니까. 그럼 된 거지. 내 형편에 뭘 더 바라겠어."

평생 단 한 번도 자신의 욕구나 의지를 남에게 내보인 적 없이 숨죽여 살았다는 할머니. 어린 시절부터 늘 주눅 들어 살다 보니 싫다는 소리도, 안 한다는 소리도, 못한다는 소리도 할머니에겐 참으로 내놓기 어려운 말이었다. 하지만 늙고 병들고 의지할 데 없이 외로운 지금, 그동안 왜 그리 뒤에 숨어 보이지 않는 곳에서 숨죽여 살았나 하는 후회가 밀려온다.

남편의 의미를 미처 알지 못한 채 끝나버린 짧은 결혼생활이지만, 그래서 더 검은 머리 파뿌리 되도록 함께하는 노년의 부부들을 보면 부러운 마음에 오래도록 그들의 뒷모습을 바라보게 된단다.

- "지금 생각해보면 젊어서 호강 필요 없어. 젊을 땐 힘들게 살아도 늙어 호강을 하면 끝까지 호강한 게 되는 거잖아. 요즘 들어 해로하는 노부부들 모습을 보면 그렇게 부러울 수가 없어. 길에서 할아버지가 앞서 가면서 뒤에 오는 할머니에게 '어서 와' 이러면서 손짓하는 걸 보면 너무 보기가 좋아서 눈물이 나. 그러면서 난 왜 저런 복이 없어 이렇게 외롭게 늙어가나 한탄도 하지……."

담벼락에 세워진 큰 거울을 보며
수줍게 미소를 지었다.

마치 어린 시절 소녀로
되돌아간 것처럼……

사진 권우성

08

삼대를 이어온 가난, 모두가 내 탓이지

홍판순
1936년생

날씨가 추운 겨울이 되면 서민용 장기임대아파트가 밀집한 동네의 노인정은 노인들로 만원을 이룬다. 공공근로나 폐지 줍기로 용돈을 벌어 쓰던 노인들이 추위 때문에 더 이상 일을 할 수 없게 되다 보니 따뜻한 구들방에 몸을 녹이고 갓 지은 점심까지 제공받을 수 있는 노인정으로 모여드는 것이다.

　홍판순 할머니 역시 10월까지만 해도 공공근로나 폐지 줍기를 다니느라 노인정에 들를 새가 없었지만 바깥일을 할 수 없을 만큼

기온이 떨어진 11월 말부터는 하루 대부분의 시간을 노인정에서 보내신다.

- "집에 가면 누가 있나? 노인정에 있으면 뜨끈하니 불 때주고, 때맞춰 밥도 주고, 여기 할머니 친구들하고 하루 종일 누웠다 앉았다 텔레비전을 보다가 지겨우면 잠도 한잠 자고, 그것도 싫증나면 화투도 한판 놀아보고…… 그렇게 하루를 보내는 거지 뭐. 저녁 5시면 노인정 문을 닫는데 저녁도 주고 늦게까지 있게 해주면 좋겠어. 집에서는 잠만 자게 말이야."

반겨줄 가족도 따뜻한 온기도 없는 빈집

독거노인의 겨울은 난방비와의 싸움이다. 요즘엔 어느 집이든 가스보일러가 설치되어 있지만 서너 평짜리 방 하나에도 매달 10만 원 정도의 난방비가 들다 보니 보일러가 얼어 터질 지경이 되지 않고서는 가동하지 않는 것이 보통이다. 노인정에 오신 노인들 대부분의 사정이 다르지 않다 보니 겨울 동안 노인정은 동네 할머니 할아버지들로 그야말로 만원사례를 이룬다.

아직은 집으로 돌아가기에 이른 시간인 오후 3시쯤 할머니와 함께 집으로 자리를 옮겼다. 서울 서대문구 북가좌2동 주택가에 자리한, 지은 지 오래되어 보이는 아담한 2층 단독주택. 할머니는

현관문을 열어도 반겨주는 이 하나 없다.
쓸쓸하고 추운 집이 싫어 노인정에서 한참 시간을 보내고 돌아오지만
우두커니 방에 혼자 있다 보면 서글픈 생각이 자꾸 밀려든다.

2층으로 올라가는 계단 아래 창고를 개조한 것처럼 보이는 방에서 보증금 150만 원, 월세 20만 원에 살고 계신다.

문을 열자마자 한쪽짜리 싱크대가 보이고, 왼쪽으로는 할머니 방, 오른쪽으로는 작은 화장실이 있다. 화장실과 부엌이 있긴 하지만 방에서 나와 부엌이나 화장실을 가려면 신발을 신고 한 계단을 내리디뎌야 하는 구조인 데다가 보일러선을 깔지 않은 맨바닥이라 실내라고는 해도 바깥이나 다름없다. 한겨울엔 부엌에 놓아둔 물그릇이 얼어붙을 정도라니 따뜻한 노인정에 밤늦도록 머물고 싶다는 할머니의 심정이 충분히 이해된다.

방 안도 춥기는 마찬가지다. 불기운 하나 없는 방에 몸을 녹일 수 있는 것이라고는 두꺼운 요 위에 깔아놓은 전기장판이 전부다.

- "발 시려. 이불 속에 발을 집어넣어야 해. 지금 장판에 불 올렸으니 금방 따뜻해질 거야. 잠깐 있어봐, 내가 따뜻한 차라도 한 잔 타줄 테니."

두 사람이 간신히 누울 수 있는 작은 방에 살림이라고는 작은 옷장 하나와 오래되어 보이는 냉장고, 소형 TV가 전부인 초라한 살림. 그래도 할머니는 손님 대접을 하신다면서 마다하는 손을 뿌리치고 모과차를 끓여 오신다.

- "이거 지난해 담근 모과차야. 모과를 사다가 내가 썰어

서 만들었는데 맛이 제대로 들었거든. 귀한 손님 오셨는데 내가 사는 게 이래서 따로 내올 건 없고, 이거라도 좀 마셔봐."

 장판에 전기를 넣었다지만 워낙 차가운 방에 깔려 있어서 그런지 쉽게 열기가 느껴지지 않아 몸에는 한기가 스며들고 발끝이 시리다. 내주신 모과차를 마시고 나서야 시렸던 발에서 얼음이 빠지듯 온기가 돌아오고 떨리던 몸도 조금 안정되는 듯했다.
 추위를 타는 나에게 이부자리를 덮어주시고 당신은 얼음처럼 찬 바닥에 앉으시려는 할머니. 그러면 안 된다며 이부자리 속으로 들어오시라고 하니 당신은 찬 바닥에 단련이 되어 추위를 잘 느끼지 못한다고 한다. 얼마나 추운 곳에서 지내면 추위에 단련이 되어 영하의 추위도 잘 느끼지 못하게 될까. 하지만 할머니 말은 거짓말이다. 추위를 느끼지 못하는 사람이 어디 있으랴. 다만 늘 추운 곳에서 지내다 보니 추위에 내성이 생긴 것뿐이다.
 사람은 대부분 나이가 들수록 배고픔과 추위, 더위와 고통에 예민해지기 마련이다. 젊을 땐 젊은 혈기로 참을 수 있어도 나이가 들면 저항력이나 내성이 약해져 금방 병이 오기 때문이다. 하지만 독거노인들은 노인들의 이런 신체적인 특성마저도 거스르며 살고 있다. 열악한 환경에 놓여 있다 보니 스스로 강해지지 않으면 살지 못한다는 것을 몸으로 체득한 것이다.
 몸이 아파도, 심지어는 세상을 떠나는 마지막 길에도 달려올 자식이 없는 노인들, 자식이 있다고 해도 여러 형편상 돌봄을 받지 못하는 노인들, 자식들과의 갈등으로 스스로 독거를 택한 노인들, 자식들에게서 버림받은 노인들…….

사람 사는 모습이 저마다 다르듯이 독거노인들이 혼자 살게 된 이유 역시 그만큼 다양하다. 예전에는 자식이 없는 홀몸 노인만을 독거노인으로 불렸지만, 최근에 와서는 자식의 유무나 부양가능 여부와 관계없이 홀로 사는 노인들을 통틀어 독거노인이라는 이름으로 부르고 있다. 물론 이들 중에는 드물게 여유 있는 노후를 보내는 분들도 있지만, 대부분의 독거노인들의 삶은 하루하루 배고픔과 질병 그리고 외로움과의 싸움이라고 해도 과언이 아니다.

홍판순 할머니의 상황도 다르지 않다. 노인일자리사업이나 공공근로가 없는 겨울철에는 대부분의 시간을 노인정에서 보내고 밖이 어둑해질 무렵에야 집으로 돌아온다. 반겨줄 가족도 따뜻한 온기도 없는 빈집으로 돌아오는 발걸음이 가볍지 않은 것은 당연한 일이다.

▪ "웬만하면 돌아다니다가 늦게 들어오려고 해. 일찍 와봐야 밥 먹고 자는 것밖에 더 하나. 혼자서 방에 우두커니 있으면 서글픈 생각이 들어서 텔레비전이라도 켜놓고 그거 들여다보고 있지만 그래도 외롭긴 마찬가지지 뭐."

할머니는 외로운 시간이면 서랍 속 깊이 넣어두었던 오래전 사진을 꺼내 보신다. 초등학교 운동장에서 어린 아들의 손을 잡고 서

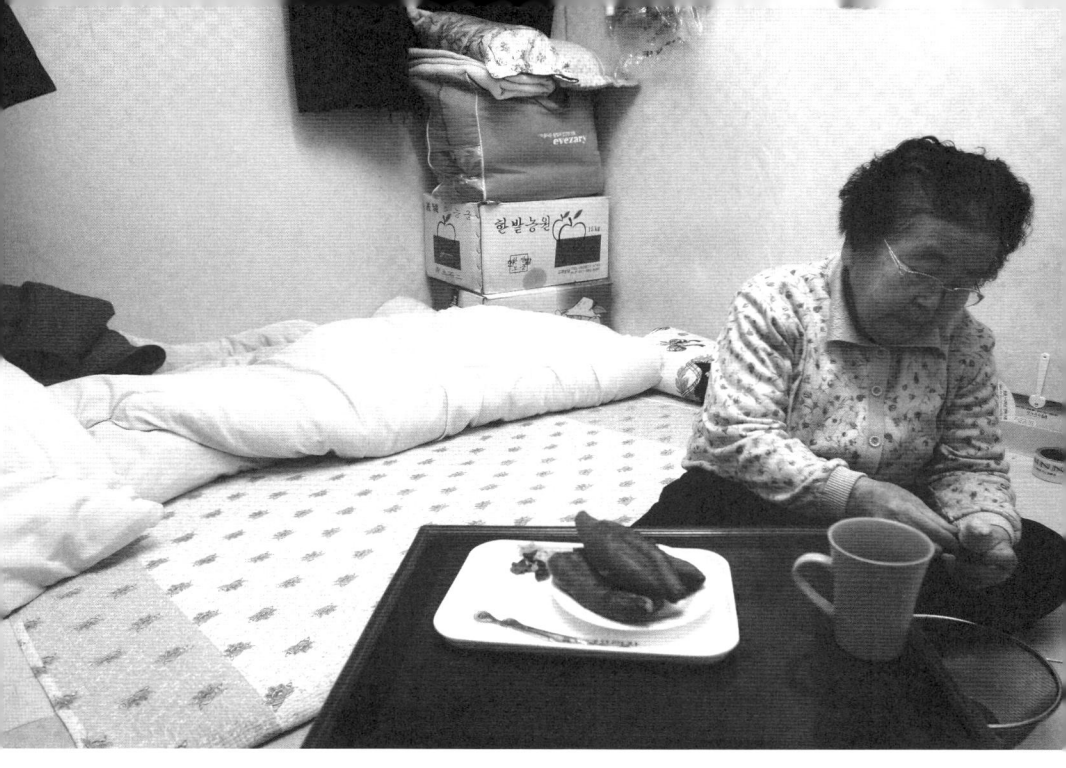

불기운 없는 찬 바닥. 전기장판을 잠깐씩 틀어 몸을 녹이고,
삶은 고구마와 따뜻한 유자차로 출출한 속을 달랜다.

있는 서른 초반의 아낙. 학교 뒤로는 지리산의 부드러운 능선이 펼쳐져 있다.

지리산 자락의 핏빛 기억

- "나 어릴 적에도 구례엔 산수유가 천지였지. 봄이면 마을이 온통 노란 산수유꽃으로 가득하곤 했는데……."

지금도 3월이면 노란 산수유꽃을 보기 위해 수많은 관광객이 찾는 아름다운 마을, 전남 구례. 봄이면 황금빛 산수유가 만발했던 이곳 산동면이 홍판순 할머니의 고향이다. 그러나 할머니 기억 속의 고향 구례는 산수유의 노란빛이 아닌 붉은 핏빛이다.

- "여덟 살에 일본 탄광으로 징용을 가신 아버지가 돌아가셨다는 연락을 받았어. 사망 통지가 오고 이내 유골이 도착했는데 믿어지지가 않더라구."

그날 밤을 새워 서럽게 토해내던 어머니의 울음을 지금도 잊지 못한다. 일본으로 돈을 벌러 간 남편이 하루아침에 뼛가루가 되어 돌아왔으니 그 억울함과 참담함은 이루 말할 수 없었을 것이다. 어린 마음에도 어머니가 저렇게 방바닥을 치며 서럽게 우시다가 돌아가시기라도 하면 어쩌나 숨죽여 걱정했다. 어찌나 큰 충격이었던지 아직도 눈을 감으면 그날 밤 어머니의 피맺힌 울음소리가 귓가에 쟁쟁하다.

아버지의 유골을 강물에 뿌리고 이듬해에 해방이 되었지만 세 아이들과 함께 남겨진 어머니의 삶은 이루 말할 수 없이 초라했다. 세 아이를 굶기지 않기 위해 길쌈, 논일, 밭일을 쉬지 않았던 어머니. 일밖에 모르는 시골 촌부였던 어머니가 '빨갱이'라는 낙인이 찍혀 지서로 잡혀 들어가게 된 것은 할머니가 열세 살 되던 해였다.

- "우리 동네는 6·25 나기 전에 빨갱이 난리가 났어. 한번은 반란군이 들어오고 한번은 국군이 들어오고, 반란군이 총을 쏘면 국군이 총을 쏘고…… 그러는 중에 동네 젊은 사람들이 얼마나 많이 죽어나갔는지……. 국군이 들어와 우리 어머니를 빨갱이라고 욕을 하며 우리 눈앞에서 끌고 가는데 울 어매 살려달라고 얼마나 매달리며 울었는지 몰라."

1948년 일어난 여순사건 이후 구례는 이데올로기의 격전지가 되어버린다. 여순사건을 일으킨 제14연대 반란군과 좌익간부들이 토벌대를 피해 지리산으로 잠입하기 용이한 구례로 퇴각하고는 잠시나마 마을을 접수하여 통제하기도 했다. 얼마 못 가서 반란군은 국군토벌대에 밀려 지리산으로 숨어들었지만 빨치산이 된 반란군과 토벌대의 전쟁은 7년이나 계속된다.

- "반란군이 국군을 피해 산으로 달아나니까 이번엔 토벌대가 횃불을 들고 들이닥쳐 집집마다 불을 놓는 거야. 그때 마을 전체가 다 타버렸지."

어머니를 비롯한 수많은 주민들이 빨갱이짓을 했다는 이유로 지서에 붙잡혀 들어간 것은 그로부터 며칠 후였다.

- "빨갱이 색출한다고 젊은 사람은 거의 데려다 죽였어. 동네에 남은 사람들이라고는 어린애들과 노인뿐이었지."

어머니가 빨갱이 혐의를 쓰고 지서에 잡혀가고 난 후 할머니는 어린 두 동생을 책임져야 할 소녀가장이 되어버렸다.

- "빨갱이 자식들이라고 아무도 우릴 받아주지 않았어. 우릴 받아주었다가 빨갱이 새끼 도와줬다고 누명 쓸까 봐 그랬지. 어린 동생들하고 헛간에라도 하룻밤 묵어가게 해달라고 부탁했지만 오히려 빨갱이 자식들이라면서 냉대를 하고 혀를 끌끌 차더라구."

그 누구도 받아주지 않아 오갈 데가 없어진 할머니는 어린 동생들을 데리고 서리가 하얗게 내린 밤길을 맨발로 걸어서 지리산을 넘는다. 산 너머 이모네 집이라도 찾아가야 했던 것이다. 동짓달 추운 밤, 열세 살 어린 소녀가 열 살, 일곱 살 동생의 손을 잡고 산길을 걷는 장면에서 문득 〈산동애가〉가 떠올랐다.

〈산동애가〉는 구례 산동에 전해 내려오는 노래다. 할머니가 동생들의 손을 잡고 산을 넘던 그 시기에 지어졌다. 진압군에게 죽임을 당하게 될 것을 직감한 열아홉 소녀가 처형장으로 끌려가며 불렀다는 〈산동애가〉. 할머니에게 이 노래를 아시냐고 물었더니 들어는 보았지만 워낙 노래를 못해 들려줄 수는 없다고 하신다.

산동애가(山洞哀歌)

잘 있거라 산동아 너를 두고 나는 간다
열아홉 꽃봉오리 피워보지 못하고
까마귀 우는 곳을 병든 다리 절어 절어
다리머리 들어오는 원한의 넋이 되어
노고단 골짝에서 이름 없이 스러졌네

살기 좋은 산동마을 인정도 좋아
열아홉 꽃봉오리 피워보지 못하고
까마귀 우는 곳에 나는 간다
노고단 화엄사 종소리야
너만은 너만은 영원토록 울어다오

잘 있거라 산동아 산을 안고 나는 간다
산수유 꽃잎마다 설운 정을 맺어놓고
회오리 찬바람에 부모 효성 다 못하고
갈 길마다 눈물지며 꽃처럼 떨어져서
노고단 골짝에서 이름 없이 스러졌네

다행히도 이모는 고아나 다름없어진 세 조카를 내치지 않았다. 어머니의 소식도 모른 채 이모네 집 종살이를 하다시피 하던 날이 두 달여, 어느 날 저녁 낯익은 얼굴이 대문을 열고 들어섰다. 생사를 몰랐던 어머니였다.

- "어머니가 돌아왔지만 살던 동네로는 갈 수 없었어. 빨갱이라고 쫓겨났거든. 그래서 이모네 동네 근처에 방을 하나 구해서 어머니와 네 식구 살림을 시작했지."

어머니는 돌아왔지만 구례는 여전히 전쟁 중이었다. 지리산으로 숨어든 반란군과 토벌군 사이의 전투가 쉽게 끝나지 않았던 것이다.

- "내가 열네 살 되던 해 우리 어머니가 날 시집보냈어. 어머니 앞으로 편지 한 통이 왔는데 글을 읽을 줄 모르는 어머니는 당신이 빨갱이짓 했다고 잡아다 죽이겠다는 통지라고 믿으셨지. 그래서 당신 죽기 전에 혼사를 치러야 한다며 나보다 열네

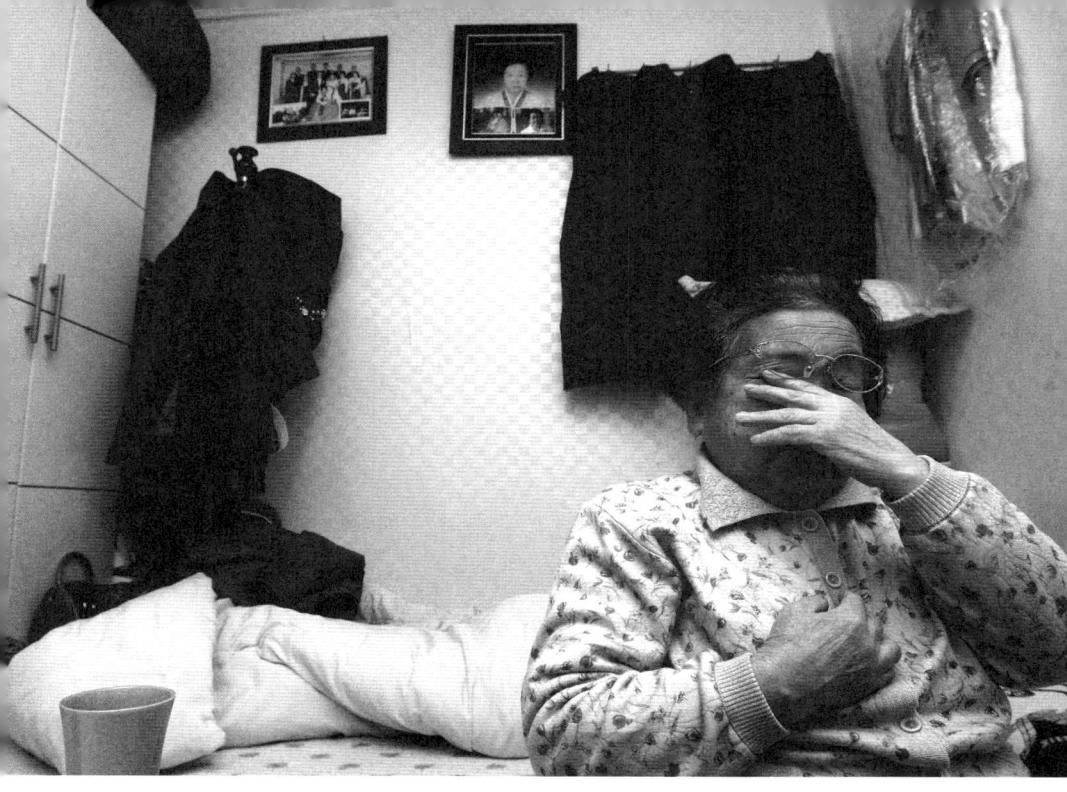

. . . .
자식에게 물려준 것이라곤 가난뿐이다.
역시 가난한 부모가 되어 제 자식 키우기에도 허덕이는 아들딸들은
액자 속 사진으로만 할머니 곁을 지키고 있다.
가난의 대물림을 지켜보아야 했던 미안한 마음은 가슴속 멍이 되었다.

살 많은 이웃집 머슴 장쇠와 맺어주신 거야."

고문으로 망가진 남편 대신 가장이 되어

나중에 글을 아는 사람을 통해 읽어보니 빨갱이와는 아무 관계 없는 공출 관련 서류였지만 한번 말을 내놓은 혼사라 되돌릴 수는 없었다. 결국 열네 살 어린 나이에 결혼을 하여 곱절은 나이가 많은 신랑을 맞았지만, 신랑은 혼례만 올리고 남은 머슴살이 기간을 채우기 위해 일하던 집으로 돌아가야 했다. 머슴을 살러 가면서 남편은 하나밖에 없는 시누이에게 어린 신부를 부탁하고 떠나지만 시누이 시집살이는 맵고 독하기만 했다.

- "누덕바지 알아? 누덕누덕 기워 입어서 누덕바지라고 하는데 얼마나 두껍고 무거운지 몰라. 우리 시누님이 남편이 입던 누덕바지를 빨라고 주셨는데 정말 기가 막히더라구. 얼마나 안 빨았는지 더러워도 그렇게 더러울 수가 없는 거야. 그냥 들어도 무거운 바지가 물에 들어가니 얼마나 무거운지……. 더구나 그때가 겨울이라 얼음을 깨고 빨래를 해야 했는데 손은 시렵지, 무겁긴 하지…… 죽을 뻔했어."

신부를 누나 집에 맡겨둔 남편은 두 해를 넘기고서야 머슴살이를 마치고 집으로 돌아올 수 있었다. 서러운 시누이 시집살이를 마치고 남편과 함께 살 수 있었지만 여전히 지리산의 총성은 그치지 않았다. 지리산 빨치산이 되어버린 반란군과 그들을 소탕하러 온 국군 사이의 밀고 밀리는 전투장이 되어버린 마을. 수시로 마을을 점령하는 쪽이 바뀌다 보니 그 과정에서 무고한 주민들의 피해도 적지 않았다. 대부분은 국군이나 인민군에게 밥을 주었다는 이유로 우익이나 좌익으로 몰려 당해야 했던 해코지였다.

- "열여섯에 첫아이를 임신했는데 8개월 만에 유산되고 말았어. 어느 날 밤 산에서 군인 행색을 한 사람이 내려와 총을 들이대면서 밥을 달라는 거야. 행색을 보니 딱 인민군 같더라구. 머리카락이랑 눈썹이 불에 그슬려 있고 군복이라고 생긴 것이 누런 게 여기저기 불티구멍이 뻥뻥 나 있고 말이야. 너무 무서워서 밥을 차려주고 숨어버렸잖아."

당시는 전투상황에 따라 인민군들이 산으로 숨는가 하면, 어느 날은 인민군에 쫓기던 국군들도 산에 숨어들던 때라 산에서 내려온 군인이 인민군인지 국군인지 구분하기 어려웠다. 구분을 하더라도 총을 들이대며 밥을 달라고 하는 군인들의 요구를 거절할 수 있는 주민은 거의 없었다.

- "나중에 그 군인이 우리 집을 다시 찾아왔어. 나보고

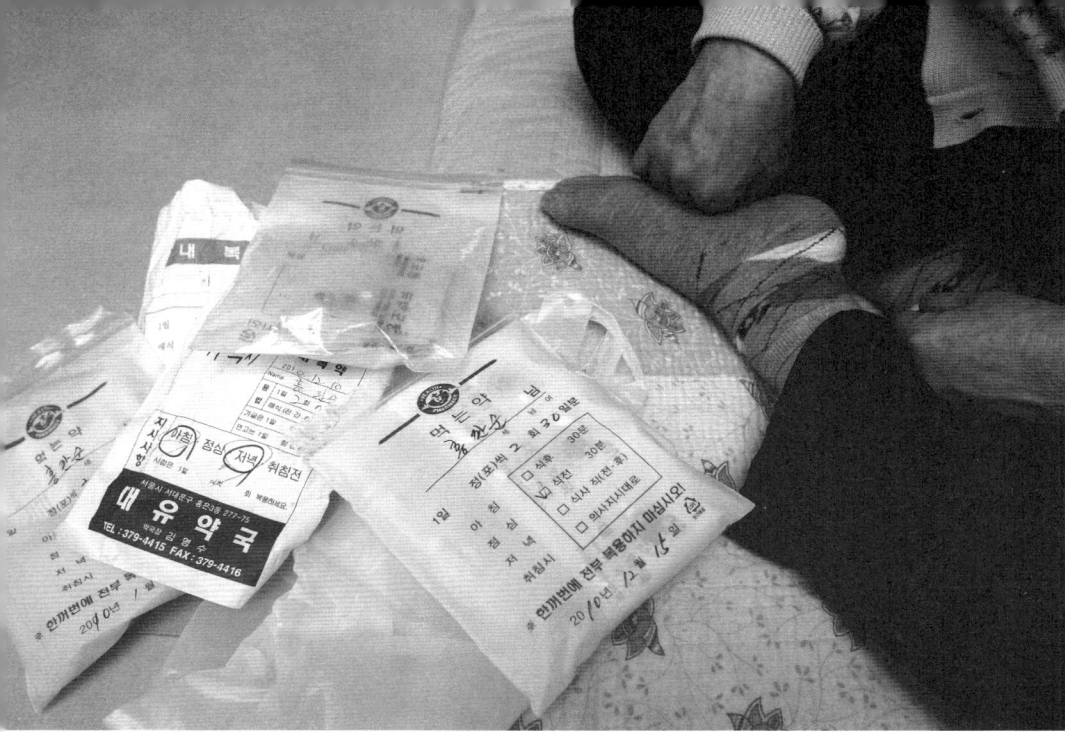

....
주름진 손으로 끼니마다 한 줌씩 챙겨 먹어야 하는 약들.

인민군 새끼들한테는 밥도 잘 해 먹이면서 국군이 밥을 달라니까 밥 주고 가서 숨느냐고…… 마을사람들 보는 앞에서 때리고 욕을 하더니 등에 총을 대고 죽인다고 호통을 치는 거야. 벌벌 떨고 있는데 총소리가 귓가에서 '쾅' 하고 들려. 어찌나 놀랐던지……. 그 밤에 배가 뒤틀리고 아프더니 그만 사산을 해버린 거야."

인민군들 세상이 되었다가 국군들 세상이 되었다가 수시로 바뀌는 세상. 그런 가운데 한국전쟁이 터지고 남편은 인민군에 강제부역을 하게 된다. 또다시 어떻게 뒤집어질지 모르는 세상에서 단지 눈앞의 죽음이 두려워서 그들이 시키는 대로 한 것뿐이지만 그 때문에 훗날 남편은 모진 고문을 당한 끝에 폐인이 되고 만다. 남편의 혐의는 지리산 빨치산을 돕고 내통했다는 것이었다.

- "빨치산들에게 뭘 갖다줬냐, 거기서 뭐 했냐, 빨치산 숨은 데가 어디냐 그러면서 거꾸로 매달아 코에 고춧가루물을 붓고, 때리고, 불로 지지고 별짓을 다하니까 고문에 못 이겨 거짓자백을 한 거야. 그러니 바로 본서로 넘겨져서 처형될 판이었는데 우연찮게 아는 분을 만나 억울함이 풀리고 대신 몇 달 징역을 살고 나오게 됐지."

어머니가 빨갱이로 잡혀가는 바람에 두 동생을 돌보는 소녀가장 노릇을 해야 했던 할머니는 역시 남편도 빨갱이 혐의로 잡혀간 탓에 이후로도 쭉 가정을 책임지는 가장 역할을 하게 된다.

- "그렇게 부지런하고 일도 잘하고 힘도 좋았던 남편이 잡혀갔다 돌아온 후로는 그냥 폐인이 되어버렸지. 어디가 망가졌는지 힘도 쓰지 못하고 멍하게 하늘만 바라보고, 일에는 관심도 없어 매일 술만 마시고……. 사람이 아주 망가진 거야."

고문 후유증으로 돈벌이와는 아주 멀어져버린 남편 대신 일곱 식구의 먹고살거리를 벌어야 했던 할머니. 가난 때문에 아이들을 제대로 먹이지도 가르치지도 못했다.

- "큰딸은 가난이 지긋지긋하다고 열여섯에 집을 나가 식모살이를 하다 열여덟에 우시장 소장수하고 결혼을 했어. 큰아들은 초등학교 간신히 졸업시켜서 남의 집 머슴살이 보내고……."

알코올중독에 가까운 남편과 아이들 다섯까지 여자 혼자 일곱 식구의 땟거리를 해결하는 것은 쉬운 일이 아니었다. 게다가 시골에서 할 수 있는 일은 많지 않았다. 돈이 되는 일이라면 뱀을 잡는 일도 마다하지 않았다.

- "뱀도 많이 잡아다 팔았어. 처음엔 징그럽고 무서웠는

데 그거 잡아다 팔면 그래도 그때 돈으로 3천 원도 주도 4천 원도 줬으니까. 돈이 귀한 시골에서 바로바로 돈을 주니 이거구나 싶었지. 나중엔 돈이 된다니까 마을사람들이 하도 뱀을 잡으러 다녀서 뱀이 씨가 마르더라니까."

뱀에 물려 고생을 하기도 했지만 그래도 들판이나 산에서 뱀을 만나면 그렇게 반가울 수가 없었다. 먹고살기 위해 뱀도 잡고 나물도 뜯고 약초도 캤지만 일곱 식구 배고픔을 면하기는 어려웠다.

자식에게 대물림된 가난

"내가 워낙 뒤를 대주지 못하니까 둘째도 중학교밖에 못 마치고 공장에 취직을 했어. 막내아들도 중학교 간신히 졸업하고 돈이나 벌겠다며 공장으로 가고……."

부모의 가난은 자식에게 그대로 대물림되었다. 자식들 역시 가난한 환경에서 자라나 배움조차 길지 못하다 보니 할 수 있는 일이라고는 막노동밖에 없었던 것이다. 세 아들들은 대부분 부정기적인 노동으로 근근이 생활하고 있으며 두 딸들 역시 청소와 봉제공장 노동으로 어려운 살림을 꾸리고 있어 어머니를 도울 형편이 되지 못한다.

일은 힘들고 보수는 적은 데다가 공장이 문을 닫거나 임금을 떼이는 경우도 종종 있어서 큰 빚이나 지고 살지 않으면 다행인 팍팍한 생활. 이 속에서 모두 가정을 꾸리고 아이들까지 키워야 하니 삼대에 걸쳐 가난이 이어지는 안타까운 상황이 계속되고 있는 것이다.

사정이 이렇다 보니 가난한 어미는 자신 때문에 가난이 대물림된 것 같아 늘 가슴이 아프다. 가난한 형편 속에 길러진 아이들. 남들처럼 배불리 먹이지도 잘 가르치지도 못하고, 어린 나이에 남의 집 머슴살이, 식모살이로 돈을 벌게 할 수밖에 없었던 엄마이기에 너무나 미안할 뿐이다.

그런 자식들이 점점 나이를 먹고 가정을 꾸리고 또 아이를 낳아 그 아이가 어른이 되어가고 있는 지금까지도 형편은 여전히 나아지지 않고 있다. 그러니 한 달 5만 원 남짓한 가스요금도 낼 수 없어 냉방에서 잠을 청하는 할머니의 처지에서도 자식들, 손자들이 더 춥고 더 어려운 환경에서 지내는 건 아닌지 오히려 걱정스럽기까지 하다.

▪ "자식 형편을 아는데 어떻게 손을 벌려. 아직은 일할 수 있어서 공공근로라도 나가 돈을 벌고 싶은데 호적에 자식이 있다고 그것도 나한테는 순서가 잘 오지 않아. 쓰네, 안 쓰네 해도 월세 내야 하고, 전기값, 물값 내야 하고, 나이가 먹어서 그런지 여기저기 아픈 데도 많아 병원에 갖다주는 돈도 많고……. 버

는 건 없고 쓰기만 하니 그게 걱정이지 뭐."

홍판순 할머니와 비슷한 연세의 연로한 우리 부모 세대는 대부분 전쟁의 포화 속에서 오늘날의 우리 경제를 이루어낸 주인공들이다. 굶기를 밥 먹듯 하는 가난 속에서 자식만큼은 굶기지 않으려고 잠을 줄여가며 부지런히 일을 했지만 간신히 밥을 굶지 않게 되었을 뿐 넉넉한 형편이 되지는 못했다. 그나마 일하면서 번 재산도 자식 낳아 가르치고 출가시키느라 대부분 써버렸고, 더 이상 경제활동을 하지 못하게 된 노년에 이르러서는 빈털터리 신세가 되어버리는 것이다.

자식들이 잘살아 늙고 병든 부모를 돌아가시는 날까지 잘 부양해주면 바랄 것이 없겠지만, 자식들도 부모를 부양하거나 생활비를 보조해줄 만큼의 경제적 여건이 되지 못하는 경우에는 이 같은 문제가 생기는 것이다. 가진 것 없고 도와줄 사람도 없어 순식간에 빈곤층으로 전락한 노인들은 지하철이나 마을 골목에서 폐지를 줍거나 주택가 길목에서 한 주먹 남짓의 나물이라도 팔아야 한 끼 식사를 해결할 수 있는 상황이다.

거리로 내몰린 노인들은 대부분 "산 입에 거미줄이야 치겠느냐", "죽지 못해 산다"라는 말을 입에 달고 산다. 노인들이 편한 잠자리와 한 끼 식사를 걱정하지 않아도 되는 사회, 바로 우리가 만들어가야 할 모습이 아닐까.

살펴 가라고 손을 흔든다.

다시 또 볼 수 있을까.

쓸쓸한 미소가 감돈다.

사진 유성호

09

늙고 가난하다고 여자도 아닌 줄 알아?

조필남
1934년생, 실제 1933년생

독거노인들을 만나보면 지금 홀로 지내고 있다는 사실은 같지만 살아온 인생이 다르듯 혼자 살 수밖에 없는 사연 역시 저마다 다르다. 또 비록 구청이나 복지단체에서 쌀과 부식을 후원받고 있기는 하지만 늙고 가난하다고 해서 그분들의 자존심마저 사라지는 것은 아니다. 일선에서 복지 관련 업무를 하는 담당자들이 가장 조심하는 부분도 바로 그런 것이다. 후원을 하되 동정으로 비쳐 어르신들의 상처나 자존심을 건드리는 실수는 하지 말아야 한다.

조필남 할머니와의 인터뷰는 처음부터 그리 쉽지 않았다. 주변의 도움 없이는 생활하기 어려운 할머니의 사정이 알려져 우양재단으로부터 쌀과 부식 등 후원을 받고 있긴 하지만 워낙 자존심이 강한 분이라 초라한 자신의 모습을 누구에게도 보이고 싶어 하지 않으셨기 때문이다.

할머니와 평소 친하게 지내는 자원봉사자 정창길 씨의 도움이 없었다면 조필남 할머니의 이야기는 영영 듣지 못했을지도 모른다. 5년 넘게 할머니에게 쌀을 가져다드리고 말동무도 해드렸다는 창길 씨는 할머니에게 자원봉사자 그 이상의 의미였다.

"응 나야, 창길이. 미스 조, 나 지금 갈게. 조금만 기다려. 그럼, 나도 보고 싶지."

마치 친구에게 전화하듯 다정하게 장난을 거는 창길 씨. 짧은 전화통화만 들어도 지난 세월 동안 할머니와 창길 씨 사이에 쌓인 우정이 어느 정도인지 짐작할 수 있다.

초라한 모습 보이고 싶지 않아

할머니는 서울 마포구 망원1동에서 보증금 5백만 원에 월세 24만 원을 내고 단독주택 2층 뒤채에 있는 방 둘, 화장실 하나짜리 집에 살고 계신다. 국민기초생활수급자로 월 30만 원의 생계비를 지원받고 있지만 월세 24만 원을 내고 나면 실제 할머니가 쓸 수 있는 생활비는 겨우 6만 원. 서울에서 6만 원으로 한 달을 살아내는 것이 가능할까.

- "왜 이렇게 안 왔니. 너 주려고 내가 선물도 사놨는데. 지난번에 우리 집 도배도 해주고…… 고마워서 내가 신발 하나 사놨잖아. 이리 와봐. 이거 좀 신어봐. 맞으려나 모르겠네."

애인에게 줄 선물을 사놓고 설레는 여인의 모습처럼 할머니도 그렇게 들떠 보였다. 신발을 내미는 할머니의 손을 보니 예쁘게 기른 손톱 위에 조금은 벗겨졌지만 분홍색 매니큐어가 발라져 있다. 분홍 꽃무늬 블라우스에 분홍 매니큐어를 바른 일흔일곱의 할머니. 독거노인이라는 쓸쓸한 삶을 살고 있기는 하지만 여전히 '여자'임을 잊지 않고 계신 것 같아 미소가 지어졌다.

- "동네 할머니들이 나를 이상하게 보기도 해. 늙은이가 손톱에 매니큐어나 바르고 몸단장이나 한다고 말이야. 하지만 난 그 사람들 신경 쓰지 않아. 지금 내가 사는 모습이 이러니까 날 무시해서 하는 말이라는 걸 잘 알거든. 그렇다고 내가 그런 할머니들 붙잡고 나는 이런 사람이다, 이렇게 살았다 말하면 뭐 하겠어. 정신 나간 늙은이라 놀림이나 받지 않으면 다행이지. 그

래서 난 친구도 별로 없어."

보통의 할머니들에 비해 한눈에도 개성이 강해 보이는 조필남 할머니. 낯을 가리신다고 했지만 한번 말문을 트니 오히려 다른 어르신들보다 성격도 활달하고 화통한 면이 있으셔서 시원시원하게 당신 하고 싶은 말을 꺼내놓으신다.

이렇게 말도 재미있게 하고 대화하는 것도 즐기는 할머니가 이제까지 단 한 번도 다른 사람과 당신 이야기를 속 시원히 나누어본 적이 없었다니 어떻게 참고 계셨을지 의아하기까지 하다. 하지만 할머니의 이야기를 다 듣고 나면 그럴 수밖에 없었던 할머니의 심정이 충분히 이해된다.

과거에 비해 너무나도 초라해진 당신의 모습 때문에 지난 시간을 떠올리는 것조차 고통스럽고, 과거의 기억 속에 묻혀 살기에는 독거노인이라는 지금의 현실이 너무나 팍팍한 것이다.

- "나 지금까지 한 번도 내 이야기 해본 적 없는 사람이야. 그리고 이제 와서 다 지난 옛이야기를 해서 뭐해? 그저 내 가슴속에 묻어두고 가는 거야. 날도 추운데 여기까지 왔으니 몸이나 녹이고 가."

마주 앉은 지 30분이 지나갔지만 좀처럼 자신의 이야기를 하지 않으시는 할머니. 가슴속에 담아둔 사연을 다 이야기하려면 몇 밤

....
조심스럽게 옛이야기를 풀어놓으시더니 얼마 지나지 않아
힘겨운 삶의 무게를 이기지 못하고 무릎에 고개를 파묻는다.
화려했던 과거를 이야기하기엔 지금 이곳의 현실이 너무 아프다.

을 새워도 모자라겠지만, 독거노인이 되어 외롭게 살고 있는 지금 옛날이야기를 다시 해본들 그게 다 무슨 소용이겠냐는 것이다.

  세상을 살면서 얼마나 많은 상처를 받았으면 저렇게 마음을 꼭 꼭 닫아걸고 계시는 걸까. 대부분의 독거노인들도 다르지 않다. 오랜 시간 혼자 살며 세상사람들의 천대와 멸시, 무시를 경험한 탓에 외로움을 나눌 사람이 필요함에도 불구하고 누군가 내민 손을 잡는 것조차 쉽지 않은 것이다.

가슴속에 묻고 가는 거야

  기억 속 아픈 이야기를 꺼내는 것은 누구에게나 쉽지 않은 일이다. 애써 잊으려 했던 지난 이야기를, 그것도 낯선 사람에게 털어놓는 일이 얼마나 어려운지 알기에 나도 마음이 무거웠다. 하지만 오랜만에 찾아온 딸이나 손녀처럼 편하게 수다를 떨어보자고 생각했다. 할머니가 천천히 마음을 열어주시길 기다리면서.

  텔레비전을 좋아하신다는 할머니와 요즘 화제가 되고 있는 드라마 이야기를 했다. 혼자 살다 보니 친구라고는 오직 텔레비전이 전부라는 할머니. 드라마 스토리는 물론 최근 이슈가 되는 연예인들의 사생활까지 줄줄 꿰고 계신다.

> ▪   "연속극 보면 못된 자식도 못된 며느리도 너무 많아.

연속극은 모두 꾸민 이야기라지만 다 꾸민 건 아니야. 정말 그런 사람들이 있거든. 그런 거 보면 차라리 혼자 사는 내가 편하구나 생각하기도 하지."

이야기하는 도중에도 계속 손등을 긁으시는 할머니. 처음엔 분홍 매니큐어에 가려 보이지 않았지만 손등은 물론 온몸에 붉은 반점이 돋아 있다.

■ "가려워죽겠어. 이 집이 지하실이 아닌데도 여름만 되면 벽에서 물이 줄줄 흐르고 곰팡이가 시꺼멓게 피거든. 그래서 장마철 지나고 우양에서 도배를 싹 해줬잖아. 그런데 그 뒤부터 도배 때문인지, 그전에 있던 곰팡이 때문인지 온몸에 피부병이 나서 몇 개월이 지나도 낫지를 않는 거야. 약 먹고 연고도 매일 바르는데 무슨 피부병이 이렇게 오래가는지 몰라."

독거노인들은 깨끗하지 못한 집안 환경과 소홀한 개인위생, 부실한 식생활에서 오는 영양실조 등으로 피부병을 달고 사는 경우가 많다. 조필남 할머니 역시 다른 이유에서 촉발된 피부병이라고 해도 오랜 기간 낫지 않는 데는 다른 독거노인들과 같은 이유가 있어 보였다.

이런저런 이야기를 하면서 주변을 둘러보니 여름옷 겨울옷 할 것 없이 사계절 옷들이 아무렇게나 걸려 있는 이동식 옷걸이가 눈에 들어온다. 알록달록한 옷들과 이리저리 삐져나와 있는 보자기와 스카프 위로 뽀얗게 먼지가 내려앉았다. 호흡기 질환을 앓고 계시는 할머니에게 담배만큼이나 해로운 것이 저 옷가지들 위에 쌓인 먼지일 텐데……. 다른 것은 몰라도 창문을 활짝 열고 청소라도 한번 해드리고 싶다는 마음이 들었다.

먼지 쌓인 옷걸이만 빼면 할머니 방은 그런대로 단아하다. 남들이 내다 버린 옷장을 주워다 쓰거나 그런 옷장조차도 없어서 박스에 담아두거나 벽에 걸어놓고 사는 다른 독거노인들의 살림과는 달리, 오래되었지만 당시엔 비싼 돈을 주고 구입했을 법한 가구들도 눈에 띄었다.

옷장과 반닫이, 고급스러운 화초장까지…… 지금은 칠이 벗겨지고 장식과 귀퉁이가 떨어져 내다 버려도 누가 주워가지 않을 고물처럼 보이지만 그것만으로도 한때 윤택했던 할머니의 살림을 짐작하기에 충분했다.

■ "예전(1984년)에 망원동에 수해 났을 때 다 물에 잠겼던 거야. 자개장도 있었는데 물에 잠기니 자개가 다 떨어져서 못 쓰게 되더라구. 옛날 사진도 많았는데 그때 물에 다 잠겨버렸어."

갑작스런 물난리로 간직하고 있던 사진이 사라져버렸지만 하나도 아쉽지 않다는 할머니. 설혹 가지고 있다 한들 무엇하겠느냐며 차라리 잘되었다고 하시지만 왜 서운한 마음이 없을까.

한참 동안 이런저런 잡담을 하고 나서야 비로소 낯선 사람에 대한 경계심이 풀리셨는지 할머니는 조금씩 자신의 이야기를 들려주신다.

꽃잎은 하염없이 바람에 지고

■   "내 고향은 충북 영동…… 백두대간이 우리 집 앞마당을 지나간다고 어른들이 말하는 걸 듣고 자랐어. 태백산맥 소백산맥을 지나온 백두대간이 우리 집 앞마당을 지나 지리산으로 이어진다고 말이야. 설날이면 어머니가 손수 유똥치마에 자미사 저고리를 해 입히곤 하셨지."

양반가라는 창녕 조씨 집안의 맏딸로 태어난 할머니. 아버님은 당시만 해도 드물게 홈스펀양복을 입고 자전거를 타고 다니셨던 하이칼라 신사였다. 교육의 중요성에 일찍 눈을 뜨신 인텔리 아버지 덕에 할머니는 당시로서는 드물게 여학교까지 마친 신여성이 될 수 있었다.

■   "왜정 때 태어났으니 일본학교를 다녔어. 초등학교를 졸업하고 나니 해방이 되더라구. 학교에서 부르던 일본 이름은 나쓰야마(夏山)였지. 65년 전 일인데 이상하게도 왜정 때 배운

노래나 글들은 아직도 생생해. 들어볼래?"

부탁도 하지 않았는데 노래를 부르신다. "기미가요와 지요니 야치요니 사자레이시노 이와오토나리테 고케노무스마데……." 일제강점기에 학교를 다닌 사람이라면 누구나 일본 선생한테 매를 맞아가며 기억에 새겨야 했다던 〈기미가요〉다. 노래를 마친 할머니는 국민의례를 하듯 눈을 감고 "우리는 대일본 제국의 신민입니다"로 시작하는 〈황국신민서사〉를 외우신다.

- "이거 못하면 벌서고 두드려 맞고 얼마나 혼났는지 알아? 죽기 살기로 외웠지. 맞지 않으려면 할 수 없었거든. 그때는 매일 아침 조회를 했어. 아침 조회시간마다 〈기미가요〉를 부르고 〈황국신민서사〉를 외우고 천황이 있는 동쪽을 보고 절을 하게 시키는 거야. 마을마다 신사를 만들어놓고 신사참배도 시키고 말이야. 지금은 없어졌지만 옛날엔 남산도서관 올라가는 계단에도 일본놈들이 세워놓은 신사가 있었어."

내 나라 말을 썼다는 이유로 매를 맞고 벌을 서고 반성문을 써야 했던 그 시절의 학생들. 역사책에서만 보았던 일본인의 황국신민화정책이 얼마나 치밀하고 가혹하게 이루어졌는지 짐작이 간다.

- "학교에서는 일본말만 가르치고 일본말로만 말을 해야

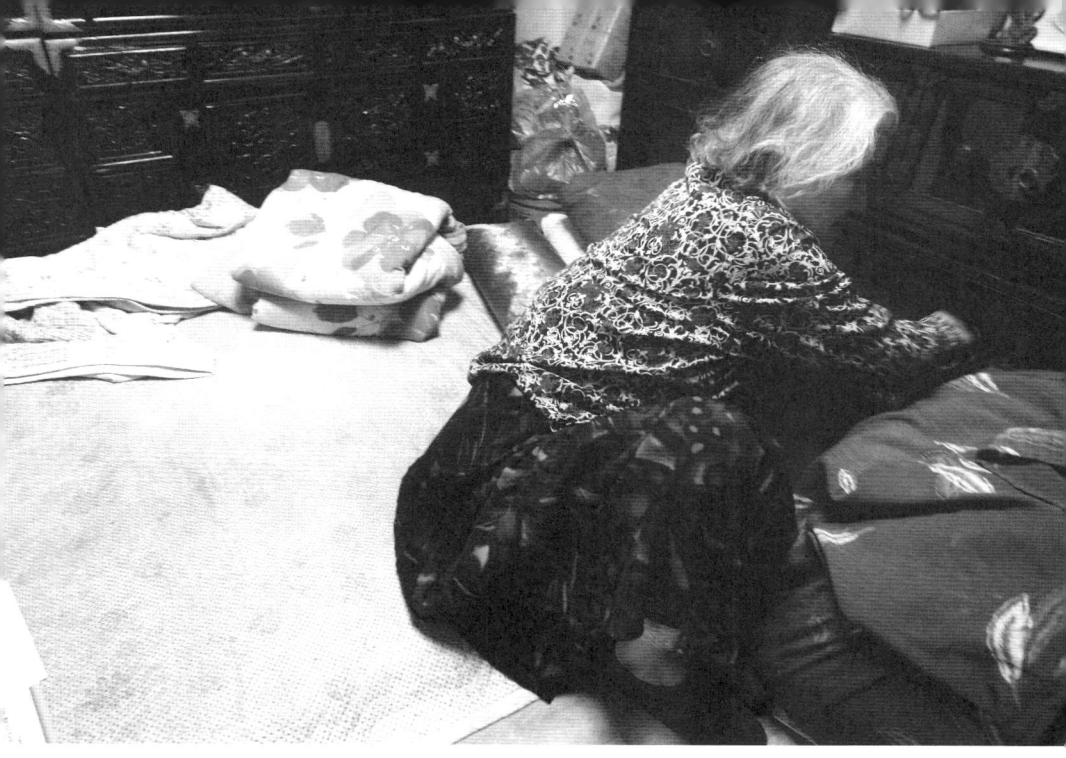

장식과 귀퉁이는 다 떨어졌어도 고급스러운 태가 나는 옷장과 반닫이는 윤택했던 한때의 증명이다.
옛날 생각이 날 때면 자꾸만 마른 걸레로 가구를 쓸어내린다.
지나온 삶을 위로하듯이.

하니 가갸거겨를 배우지 못한 거야. 한글을 배운 건 해방 후 중학교를 다니면서였지. 세일러복 블라우스에 주름치마를 입고 학교에 가면 남학생들이 서로 쳐다보고 그랬어. 워낙 여학생이 귀하던 시절이니 그랬겠지."

할머니가 중학교에 입학한 후 조국은 해방을 맞았다. 그러고는 고등학교를 채 마치기 전에 한국전쟁이 터졌다.

- "한강철교가 끊어졌다는 소식을 듣고 바로 부산으로 피난을 갔어. 부산 동대신동에 친척이 살고 있었거든. 거기서 전쟁이 끝날 때까지 몇 년 살다가 휴전이 된 후 다시 고향에 돌아왔어."

전쟁이 끝나 고향으로 돌아온 후 삶은 여전히 순탄했다. 전쟁 통에 다하지 못한 학업을 마치면 되었고, 학업을 마친 후에는 부모님이 정해주신 남자와 결혼해서 부모님들처럼 그렇게 살아가면 되는 거려니 생각했다. 아버지 몰래 연애소설을 빌려 보며 가슴 두근거리던 꿈 많은 소녀 시절. 할머니의 기억 속에 가장 아름답게 남아 있는 순간들이다.

- "아버지는 소설책을 읽지 못하게 하셨지만 이불 속에 들어가서 몰래몰래 다 읽었어. 이광수의 〈사랑〉도 읽었고, 김내

성의 〈청춘극장〉은 5권까지 다 봤지. 서울로 공부하러 갔던 친구들이 고향에 내려올 때면 소설책을 한 자루씩 가져오는 거야. 그러면 동네 친구들이 돌려 읽고 그랬지. 아버지가 가져오신 〈월간 아메리카〉라는 미국 잡지도 보았어."

지난날을 회상하며 흐려졌던 할머니의 눈이 다시 현실로 돌아오는 듯하더니 방문 앞에 밀어두었던 담뱃갑에서 담배 한 개비를 꺼내 불을 붙이신다. "후우……." 한숨처럼 깊게 담배 한 모금을 빨고 나서 할머니가 문득 쓸쓸한 노래를 부르신다.

꽃잎은 하염없이 바람에 지고
만날 날은 아득타 기약이 없네
무어라 맘과 맘은 맺지 못하고
한갓되이 풀잎만 맺으려는고
한갓되이 풀잎만 맺으려는고

1950년대 말에 유행한 노래 〈동심초(同心草)〉다.

■ "속 깊이 담아두었던 지난 이야기인데 이제야 처음으로 꺼내보네. 가슴속에 담아두고 담아두고, 누르고 또 눌러 이제는 병이 된 이야기들이야. 이거 주책 아닌지 몰라. 뭐 좋은 이야기라고……."

담배 한 개비를 다 태우신 후에야 이어진 결혼 이야기. 스무 살 언저리에 신랑 될 사람 얼굴도 보지 못하고 혼례를 치른 할머니는 친정에서 몇 시간 떨어진 시댁까지의 흔들리던 가마 길을 잊지 못했다. 굽이굽이 거친 산길을 돌아 시집가는 길. 다가올 미래에 대한 막연한 불안과 기대 그리고 설렘 때문이었는지 참기 힘든 어지러움을 느꼈다.

■ "연지 곤지 찍고 족두리 쓰고 몇 시간을 꼼짝없이 가마에 앉아서 가는데 흔들림도 심하고 긴장도 되고…… 가마멀미가 어찌나 나던지……."

한 사람이 간신히 앉을 수 있는 가마 안에 작은 가마요강과 함께 들어앉은 새색시. 결혼식 모습이 1970년대 흑백TV 시절 인기 있었던 드라마 〈아씨〉의 한 장면 같다고 하니 할머니는 또 노래를 하신다.

옛날에 이 길은 꽃가마 타고
말탄 님 따라서 시집가던 길
여기던가 저기던가
복사꽃 곱게 피어 있던 길
한세상 다하여 돌아가는 길
저무는 하늘가에 노을이 섧구나

외부에 나가 친구들 만나는 일도 사람들과 어울리는 일도 그리 즐기지 않는다는 할머니. 그래서 많은 시간을 혼자 보내지만 원래 수줍어하는 성격은 아니었단다. 대부분의 독거어르신들이 그렇듯 외롭고 넉넉하지 않은 환경에 놓여 있다 보니 자존감이 상실되고 자신감도 사라져 부정적이고 우울한 성격으로 바뀐 것이다.

홀몸으로 두 딸 키운 파란만장한 삶

- "난 시댁에서 쫓겨나도 할 말이 없는 사람이야. 칠거지악(七去之惡)을 저질렀으니 말이지. 딸만 낳았거든. 아들도 낳아주지 못했고 새파란 청춘에 남편을 먼저 보냈고…… 칠거지악이지."

얼굴도 안 보고 시작했던 결혼생활은 순탄치 않았다. 당시로서는 많이 배운 여성에 속하는 아내를 얻은 남편은 자격지심에서인지 사사건건 무시하지 말라는 투로 싸움을 걸어왔고, 싸움 끝엔 욕설과 폭력도 서슴지 않았다. 하지만 이런 결혼생활도 남편의 죽음으로 10년을 채우지 못하고 끝나버렸다.

두 딸만 남겨두고 먼저 간 남편. 당시만 해도 대를 이을 아들을 낳지 못하고 남편까지 먼저 보낸 며느리가 시댁식구 속에서 가족이라는 이름으로 남아 있기란 쉽지 않았다. 결국 칠거지악을 이유

....
당신의 굴곡진 삶을 이야기하다 마음이 상했던지 얼굴을 가리고 누워버린다.
머리맡에 놓여 있는 여우목도리의 부드러운 자락이 오늘따라 마음을 아프게 할퀸다.

로 시댁 문을 나오게 되었지만, 두 딸을 데리고 마땅히 갈 곳이 없었다.

- "친정으로 돌아갈 순 없었어. 그놈의 양반집 체면이라는 것 때문에……. 나 때문에 친정집 가문에 먹칠할 순 없다고 생각했고……."

사별 후 두 딸을 데리고 나와 50년 넘게 살아온 할머니. 홀몸으로 두 딸을 키우며 살아온 지난날들이 얼마나 어렵고 힘들었는지 그 시간을 떠올리는 것조차 고통스러워하신다. 결국 할머니의 파란만장했을 홀로서기는 더 이상 들을 수가 없었다.

- "여자가 혼자돼서 할 수 있는 일이 뭐 있겠어. 그냥 장돌뱅이라고 해두지 뭐. 내가 가진 살림이며 옷들이며 보면 알겠지만 한때 돈도 좀 벌고 써보기도 했어. 80년대엔 빵장사를 해서 제법 돈도 모았지. 하지만 인생이란 게 그렇더라. 버는 놈 따로 있고 쓰는 놈 따로 있고……."

한때 남들이 말하는 '성공'이란 것도 경험했다는 할머니. 사업을 하다 보니 보통 그 시대 어머니들이 겪지 못했을 다양한 경험도 하게 되었고, 그러면서 사회의 어두운 곳, 소외된 곳도 적지 않게 볼 수 있었단다.

노래는 물론 사업상 배운 사교춤도 수준급으로 추시는 할머니는 '국일관'이나 '크라운장', '동화백화점 옥상 카바레' 같은 1970년대 사교장도 잘 아신다고 했다. 신세계백화점의 전신인 동화백화점 옥상 카바레의 플로어가 춤을 추기에는 가장 좋은 마룻바닥이었다는 것까지 기억하시는 할머니. 혹시라도 그 시절 사교계 이야기를 들을 수 있을까 귀가 솔깃했지만 이야기는 거기서 끝났다.

- "한때 나도 그런 시절이 있었다는 거야. 다이또 스커트에 흰 블라우스 입고 플로어에 나서면 멋지다 소리 듣던 그런 시절도 있었다는 거지. 그러나 지금은 다 소용없어. 다 내 가슴에만 남아 있어."

노인수당 타려면 얼마나 자존심 상하는지

가슴속 추억처럼 수십 년 전에 구입한 모피코트를 소중히 간직하고 계신다는 할머니. 오랜 시간을 지내오며 털이 다 빠지고 윤기도 사라져 볼품이 없어졌지만 파란만장했던 시절의 추억까지 함께 가지고 있는 옷이라 쉽게 버려지지가 않는단다.

- "오래된 건 사오십 년 됐지만 다른 건 일이십 년 된 옷도 있거든. 돈을 좀 벌 땐 좋은 옷도 많이 사 입었지. 곱게 입어

서 지금도 새것 같은 옷이 많아. 그래서 내가 우양에 기부를 했어. 다른 할머니들하고 나눠 입으면 좋잖아. 그런데 공연히 그랬다는 생각이 들 때도 있어. 내가 뭐나 가진 게 많아서 그러는 줄 알고 집으로 조사를 나오질 않나……."

좋은 일을 하고도 오해받는 것이 속상하시다는 할머니는 구청이나 동사무소 사회복지과에서 가정방문조사를 나온 것이 혹시 당신의 헌옷기부 때문이 아니었는지 공연히 불안한 마음이 든단다.

■ "뭐를 얼마나 주려고 그러는지는 모르겠지만 집에 와서 이리 들춰보고 저리 들춰보고 이것 물어보고 저것 물어보고 …… 사람 속을 슬쩍 떠보기도 하고. 가난하면 남에게 줄 것도 없는 줄 알지만 그렇지 않아. 오래된 옷을 기부했더니 살기가 넉넉해서 그러는 줄 오해를 하는 것 같더라구. 이런 말 해도 되는지 모르겠지만 나라에서 주는 노인수당이나 생계비 같은 거 타먹으려면 얼마나 자존심 상하는지 몰라."

많든 적든 정부로부터 복지혜택을 받는 노인들 대부분은 일선 구청이나 동사무소에서 해당 업무를 하는 직원에게 머리를 숙일 수밖에 없다. 현장조사를 나온 직원들에게 자칫 잘못 보이면 그나마 받던 지원조차 끊기게 되는 경우가 허다하다 보니 치사하지만 어쩔 수 없이 자식뻘 되는 공무원들의 눈치를 보게 된다는 것이다.

- "줄지 안 줄지도 모르는데 자식처럼 젊은 사람들에게 '네, 네' 하며 굽실굽실하는 것도 한두 번이지 참 못할 짓이야. 거기다 대면 우양은 양반이야. 한번 주겠다고 결정하면 두 번 다시 묻지도 않고 주거든. 매달 날짜도 틀리지 않고 같은 날에 쌀 7킬로를 받는데 그게 얼마나 든든한 줄 알아? 김장도 한 통씩 해 다 주고 말이야. 김치하고 쌀만 있으면 굶지는 않잖아."

사별 후 혼자 살아오신 이야기는 끝내 풀어놓지 않으시는 할머니. 비록 말씀은 하지 않으셨지만 말로 다 할 수 없는 아픔이 있음을 짐작할 수 있다. 참고 참고 또 참아서 가슴에 깊은 응어리가 되었지만 누구에게도 보여주고 싶지 않은 아픈 상처라 혼자만 간직하고 싶은 것이다.

자리에서 일어서려 하자 당신 삶의 이야기는 속 시원히 들려주지 못했지만 언젠가 좋은 자리에서 다시 만나면 마음을 담은 멋진 노래 한 자락을 들려주시겠다며 악수를 청하시는 할머니. 처음에는 낯선 사람에 대한 경계심으로 말조차 꺼내지 않았던 할머니가 서너 시간의 인터뷰를 마치고 나니 마치 딸을 대하듯 다정하게 손을 내미신다. 꺼내기 쉽지 않은 이야기를 울고 웃어가며 들려주신 할머니는 원래 말씀도 잘하고 다른 사람과 대화하는 것도 즐기시는 유쾌한 분이었다.

젊은 시절 배운 사교댄스도 뽐낼 자리만 마련되면 언제든 멋진 솜씨를 보여주실 수 있다는 할머니. 노래도 수준급으로 잘하시지만 오라는 데도 갈 만한 데도 없는 독거노인에게는 그저 필요 없는 재주일 뿐이다. 이런 할머니에게도 일 년에 한두 번 당신의 솜씨를 발휘할 기회가 생기는데, 독거노인들을 위한 신년잔치나 어버이날 잔치가 그것이다. 형편이 비슷한 노인들이 모여 서로 위로받고 위로하며 즐거운 시간을 보내는 그날이 할머니에게는 일 년을 묵혀둔 스트레스를 풀어버리는 날, 일 년의 서러움을 씻어내는 날, 일 년을 기다려온 포식을 하는 날인 것이다.

▪ "기회가 되면 내가 노래 한번 불러줄게. 그럼 됐지? 늙은이 찾아와줘서 고마워. 구질구질한 이야기 들어줘서 고맙고. 그리고 우양에다가 우리 경로잔치 언제 하냐고 물어봐줘. 우양에서 잔치할 때 보여줄 테니까. 설날인가 언젠가 한번 했는데 참 고맙더라구. 우리 같은 늙은이들하고 놀아주고 맛있는 것도 실컷 먹여주고, 정말 고마운 사람들이야."

이제 와서 다 지난 옛이야기를 하면 뭐해.
그저 내 가슴속에 묻어두고 가는 거야.

그래도 찾아와줘서 고마워.

사진 유성호

10

자식들 무서워
숨어 산다면
믿겠어?

김종예
1926년생

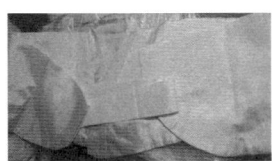

차 두 대가 마주 지나가기 버거운 좁은 골목길이 이어져 있는 허름한 동네. 김종예 할머니가 살고 계시는 서울 서대문구 남가좌2동은 수십 년 전부터 재개발 운운하며 집값이 들썩이던 곳이다. 사실 재개발 예상 지역에 사는 세입자들은 대부분 말만 무성한 재개발이 말로만 끝나길 바라고 들어온 가난한 사람들이다.

그러나 이런 바람과는 달리 지지부진하던 남가좌2동 재개발사업이 승인되면서 집주인의 강권에 못 이긴 세입자들은 하나둘 집을 비우고 떠나갔다. 하지만 할머니는 철거가 시작될 때까지 집을 비워줄 형편이 되지 못한다.

부엌 하나가 딸린 단칸방에 보증금 2백만 원, 월세 10만 원을 내고 4년째 살고 계시는 할머니. 서울 시내 어디를 가도 그 돈으로는 변변한 월세방조차 구할 수가 없다는 것을 알기 때문에 포클레인이 들어오는 날까지 꼼짝할 방법이 없다는 것이다.

철거할 때까지 버티고 버틸 거야

"싼 방을 찾고 찾아서 여기까지 왔는데 몇 년 살지도 않아서 또 재개발된다고 나가달라고 하더라구. 나 이제는 못 나가네. 이 돈 가지고 서울땅에 어디를 갈 수가 있나. 늙은이 거리에 나앉게 해도 할 수 없고…… 나는 모르네."

문을 열면 손바닥만 한 부엌이 먼저 보이는 할머니의 집. 반지하방은 아니지만 벽이 얇아 단열이 잘되지 않고 햇빛마저 들지 않아 사계절 내내 벽에 곰팡이가 사라지지 않는 방이다.

독거노인들 대부분이 그러듯 할머니도 겨울이지만 보일러를 켜지 않고 지내신다. 침대 위에 깔린 전기장판이 언 몸을 녹여줄 유일한 난방장치인 것이다. 전기장판 덕분에 잠자리는 그리 춥지 않다지만 방 안에 온기가 없다 보니 공기가 차고 습해 코끝이 시리고 결로현상으로 인한 곰팡이가 사라질 날이 없어 보인다.

- "아이구, 우리 삼열이. 내가 삼열이를 얼마나 기다렸는지 알아? 구루마 갖다줘서 잘 쓰고 있어. 그거 밀고 다니니까 그렇게 수월할 수가 없어. 고마워 삼열이."

우양재단의 사회복지사 손삼열 씨에게 감사의 인사를 하는 할머니. 지난달 보행이 불편하신 고령 독거노인들에게 노인용 보행기를 전달해드렸는데 그 고마움에 입이 마르도록 칭찬을 하시는 것이다.

- "전에는 버리는 유모차를 주워다 썼잖아. 그나마도 서로 주워 가려고 해서 버리는 유모차도 가진 노인들보다 없는 노인들이 더 많아. 우양에서 준 구루마는 얼마나 좋은지 몰라. 탄탄하기도 하고 뭐 사서 싣고 가기도 좋고. 가다 힘들면 의자도 되고. 내가 아주 부자가 된 것 같다니까."

노인용 보행기를 선물받은 할머니는 젊은 사람이 승용차를 받은 것 이상으로 기뻐하신다. 그동안은 걸음걸이가 불편해서 문밖출입도 쉽지 않았는데 보행기가 생기는 바람에 가까운 시장 나들이라도 할 수 있게 되었으니 할머니에게는 승용차보다 더 좋은 선물이 아닐 수 없다.

- "다리가 아파서 이제 박스 주우러 다니는 건 못해. 그래도 한나절씩 주우면 반찬값은 나왔는데 다리가 아프니 할 수 없지 뭐. 이제 늙어서 아무것도 못해. 밥이랑 빨래랑 간신히 하고 사는데 그것도 못하면 죽어야지. 세탁기 쓸 일이 뭐 있어, 전기세만 나가게. 내가 여기서 조물조물 빨아서 입어."

여든을 훌쩍 넘긴 연세. 박스를 주우러 다니는 일은 더 이상 할 수 없지만 아직 밥이나 빨래 정도의 간단한 집안일은 스스로 하신다. 워낙 꼿꼿하게 인생을 살아오신 터라 누구에게 도움받는 것을 불편해하는 까닭도 있지만 딱히 도와줄 사람도 없는 형편이라 크건 작건 모든 일을 스스로 하실 수밖에 없는 것이다. 하지만 보일러도 들어오지 않는 부엌의 시멘트 바닥은 쪼그려 앉아 빨래를 하기에 꽤 불편해 보인다.

- "예전에 살던 동네 반장이 늙은이 혼자 사는 게 안타깝다고 반찬도 해서 놓고 가고, 고구마도 놓고 가고, 과일도 몇 개씩 놓고 가고 그래. 여기 사는 사람도 아닌데 오면가면 날 잊지 않고 챙겨주니 고맙지 뭐야. 그렇게 착한 사람들이 있으니 나 같은 늙은이도 사는 거야."

착한 사람들이 있는가 하면 할머니를 어렵게 하는 사람도 있다. 할머니 생각에는 지금 세를 살고 있는 집의 주인이 그렇단다.

- "벽에 곰팡이 난다고 말을 해도 들을 생각도 않고, 뭐가 고장 났다고 해도 들은 체 만 체하고. 아마도 내가 안 나가고 버티고 있으니까 미워서 그러는 모양인데 있는 사람들이 너무해. 나이도 젊은 것들이 어쩜 그렇게 인정이 없는지……."

재개발로 철거가 예정된 집이기는 하지만 아직은 사람이 살고 있고 사업시행일 역시 1년 가까이 남아 있는데 집주인은 할머니의 요구에 전혀 반응을 보이지 않는단다. 늙고 가난한 세입자인 할머니는 쫓겨나지만 않았을 뿐 세입자로서의 권리를 전혀 행사하지 못하고 있다.

가진 돈도 도와줄 사람도 없는 할머니는 재개발사업이 본격적으로 시행되는 2010년 8월이면 집을 비워줘야 하지만 보증금마저 다 바닥나 거리로 나앉아야 할 형편이다. 할머니가 바라는 것은 법적 독거노인이 되어 기초생계비를 지원받을 수 있는 수급자가 되는 것이며, 그것도 안 되면 시립양로원 같은 시설에 들어가 집걱정 밥걱정 없이 나머지 생을 마감하는 것이다.

- "내가 낳지도 않은 자식 때문에 이렇게 거지꼴로 사는 게 정말 억울해. 왜 내 호적에 다 올려가지고……. 차라리 자식이 없으면 수급자가 돼서 병원비도 안 들고 생활비도 나오고 사는 데는 아무 걱정이 없을 텐데 말이야."

할머니에게는 여덟 명의 자녀가 있다. 딸 하나를 빼고는 당신 몸으로 낳은 자식이 아니지만 최선을 다해 키워놓았다고 자부했다. 하지만 독거노인이 된 지금 그들 누구도 할머니를 도와주지 않는다. 오히려 자녀들과 무슨 일이라도 있었는지 극심한 피해의식과 두려움까지 가지고 계신 할머니. 자식들 이야기를 꺼낼 때면 마치 누가 엿듣기라도 하는 듯 목소리를 낮추신다.

무엇이 할머니를 그토록 두렵게 하는 것일까. 아마도 자식이라고 생각했던 사람들에게서 받은 큰 상처 때문인 듯했다. 할머니 말로는 이루 말할 수 없는 폭력과 폭언, 지속적인 핍박과 학대에 시달린 끝에 그것을 피해 남가좌동까지 들어오게 된 것이란다.

남편은 바깥으로만 나돌고

- "'큰애기 공출'(종군위안부)을 피해 시집을 갔더니 난봉꾼 서방을 만나 인생이 아주 결딴이 나버렸어."

1926년 전남 강진에서 태어난 김종예 할머니. 여든넷의 나이로 거동은 불편하지만 지난 시절의 기억만큼은 아직도 선명하게 떠오르는지 '큰애기 공출'이란 말을 꺼내며 몸서리를 치신다.

고운 명주베를 짜기로 동네에 소문이 자자했던 어머니의 솜씨를 이어받아 어린 시절부터 길쌈에 재주가 있었다는 할머니. 손끝이

야물고 빨라 길쌈이면 길쌈, 바느질이면 바느질, 무엇 하나 흠잡을 데가 없다며 근동에 칭찬이 자자했지만 조선 처녀로 태어난 탓에 정작 명주옷은 걸쳐보지도 못했단다.

- "일본놈들의 공출이 얼마나 지독한지 일 년 농사 죽게 지어놓으면 죄다 뺏어 가고 안락미(안남미) 여섯 홉이랑 콩기름 대두 한 되씩 배급을 주더라구. 어머니가 밤새 길쌈을 해서 내다 팔기도 했지만 먹고살기엔 어림도 없었지."

가난한 집 맏딸은 살림 밑천이라는 말처럼 할머니는 어려서부터 집안에 없어서는 안 될 일꾼이었다. 동생들 돌보는 일부터 부엌일, 논일, 밭일에 길쌈까지……. 그 시절 여자들의 삶이 다 그랬듯 할머니의 삶도 다르지 않았다.

- "가난한 집 딸이 학교는 무슨…… 일하는 엄마 대신 동생들 업어 키우고, 집안일 돕고 그랬지. 나 지금도 글을 몰라. 그땐 다 그렇게 사는 건 줄 알았어. 다른 여자들도 다 그렇게 살았거든."

어머니를 도와 집안 살림을 맡아 하던 할머니에게 혼사 이야기가 오간 것은 열일곱 살 되던 해였다.

- "시집갈 생각도 않고 있었는데 '큰애기 공출'을 보낸다 어쩐다 하니 서둘러 혼처를 잡은 거야. 친정집 마당에서 예를 올리고 하룻밤 묵어 아침 일찍 해남 현산까지 2백 리 길을 시집이라고 떠나는데 겁도 나고 무섭기도 하고 눈물만 나더라구."

종군위안부 공출을 피해 부랴부랴 오게 된 시집. 열 살 많은 남편은 혼례 첫날부터 새색시 곁에는 오지도 않고 바깥으로만 나도는 난봉꾼이었다.

- "열일곱이지만 작고 야위어서 아직 몸엣것(월경)도 없을 때…… 이미 기생 재미에 빠져버린 신랑이 이마에 솜털이 보송보송한 어린 각시가 눈에 보이겠나. 하룻밤도 각시 곁에 눕지 않고 기생집으로만 돌아다니는데…… 사람들이 그러더라구, 사쿠라마치(櫻町, 유곽)에 간다고. 나중에 알고 보니 그게 기생집이라고 하데."

기생의 치마폭에 빠져 가산을 탕진하던 남편은 어느 날 일본으로 징용을 가게 된다. 남편이 떠나고 나니 빚쟁이들이 집에 들이닥쳤다. 유곽에고 술집에고 남편이 남겨놓고 간 빚이 어마어마했던 것이다.

- "어린 마음에도 그걸 갚아야겠다는 생각이 들어서 베

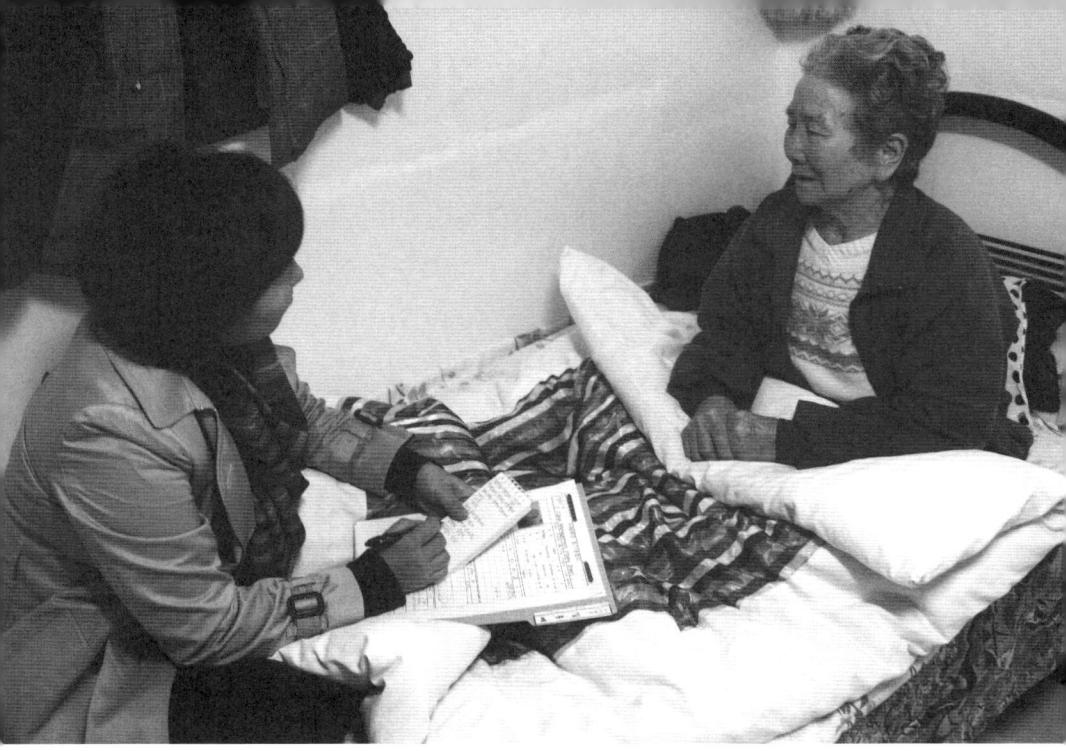

여덟 명의 자식들을 키우느라 온몸이 녹아내렸지만
남은 것은 상처와 외로움뿐이다.
그 모질고 아픈 사연을 끝내 속 시원히 털어놓을 수가 없다.

를 짜기 시작했지. 틈틈이 짜둔 무명하고 이불솜을 뜯어서 짠 명주베 여섯 필을 합치니 제법 많았어. 그걸 가지고 장에 나가 만주에서 온 상인에게 팔았더니 빨간 종이로 된 1환짜리를 엄청 많이 주는 거야. 그걸로 남편이 지고 간 빚을 다 갚고도 한 필을 남겨 일본에 간 남편에게 양복을 한 벌 만들어 보냈어."

시집갈 때 친정어머니가 해주신 솜이불까지 뜯어 명주베를 짠 할머니. 워낙에 귀한 천이기도 하지만 길쌈 솜씨가 뛰어나 상인들에게 높은 가격을 받고 팔 수 있었다. 이윽고 해방이 되어 징용을 갔던 남편은 집으로 돌아왔지만 아내에 대한 무관심과 홀대는 여전했다. 밖에서 자고 오는 날이 대부분이었던 남편은 급기야 집에서 멀지 않은 곳에 아예 새살림을 차리고 그곳에서 기거하기 시작했다.

남편이 두집 살림을 하며 조강지처를 홀대하던 와중에도 할머니는 남편 대신 시부모님을 부양하고 며느리 노릇을 해야 했다. 그러다 보니 아이도 들어설 기미를 보이지 않았다.

- "남편이 독자여서 아들을 낳아주어야 했는데 영 아이가 들어서지를 않네. 하늘을 봐야 별을 따지. 아예 작은마누라와 딴살림을 차려버렸으니 애가 들어설 리가 있나. 난 그 집안에 시집가서 죽도록 일해준 죄밖에 없어. 서른한 마지기 농사를 혼자 지으며 그 집안 살림을 다 맡아 했으니 일꾼도 그런 큰 일꾼이

없지. 생각해보면 시집이 아니라 머슴살이를 간 것 같아."

아이가 영 들어설 것 같지 않았던 할머니 몸에 태기가 보인 것은 스물아홉 살 무렵. 기다리던 임신이었지만 일하느라 기뻐할 틈도 없었다.

여덟 아이 키우기 위해 징역살이도 각오하고

- "스물아홉에 들어서서 서른에 낳았는데 그것도 명주베를 짜다 낳았어. 배가 뒤틀리고 아파오는데 마무리를 하겠다는 욕심에 견디다 견디다 베틀 아래서 아이를 낳지 뭐야. 애를 낳아서 대충 씻겨 포대기에 싸놓고 마저 짜지 못한 베를 마무리하려고 베틀에 올라앉으니 마침 우리 집에 찾아왔던 당숙모님이 말리고 난리도 아니었지. 일 욕심에 그렇게 미련했다니까."

어렵게 얻은 귀한 딸자식. 그러나 늦되었던지 여덟 살까지 말을 하지 못해 엄마 가슴을 무던히도 졸이게 했다.

- "그게 말을 하지 못해서 영 말 못하는 애로 사나 보다 했는데 여덟 살에야 말문이 터지는 거야. 그러더니 그담부터는 말도 잘하고 영리하게 잘 자라더라구."

딴집살이를 하던 남편은 작은부인이 병으로 세상을 떠나자 작은부인 소생의 일곱 아이들을 데리고 집으로 들어왔다. 심지어 그 당시 남편은 아편에까지 손을 대기 시작한 상태였다.

- "남들이 이상하다고 했어. 후처의 자식이면 의당 미워해야 정상인데 나는 그 아그들이 그렇게 이쁘더라구. 아그들도 어릴 적엔 나를 큰어머니라고 부르며 잘 따랐고. 아그들을 위해 몸이 부서지도록 일을 했네."

갑자기 여덟 아이의 엄마가 된 할머니는 열 식구 먹고살 것을 벌기 위해 생선 다라이를 이는 일부터 시작했다.

- "생선 백 근을 다라이에 이면 모가지가 부러질 것 같아. 냄새난다고 버스도 태워주지 않아서 오일장까지 20리 길을 걸어가다 보면 중간중간 모내기하는 이웃들이 짐 덜어준다고 생선 한 뭉치씩을 내려놓고 가라고 해. 그땐 사람들 인심이 그랬어."

식구가 열이나 되다 보니 생선을 팔아서는 먹고살기도 쉽지 않았다. 더구나 큰아이부터 줄줄이 다섯 아이들이 학교에 다니게 되니 월사금 내는 것도 큰일이었다.

- "큰아이 월사금을 주고 나니 아래로 네 아이 줄 월사금이 없는 거야. 아무리 궁리를 해도 돈 나올 구멍은 없고. 그래서 독하게 마음먹고 징역을 살 작정을 했어. 이웃 아재한테 가서 나무 벨 톱을 빌려달래서 집 앞 작은 섬에 들어갔어. 그때는 목재가 귀하던 때라 나무를 잘라 팔면 분명 돈이 될 거라 생각했네."

해 뜨기 전 어슴푸레한 새벽 남몰래 산에 오른 할머니는 숨도 쉬지 않고 나무를 베었다. 나무를 베어 아이들 학비를 마련할 생각에 힘든 것도 무서운 것도 몰랐다.

- "나도 간도 크지. 두 아름이나 되는 25척짜리 나무 160주를 베어 팔았어. 베어놓고 수소문을 하니 나무장사가 금방 와서 실어 가더라구. 그렇게 해서 다섯 아이 월사금을 다 냈는데 아니나 달라. 얼마 후에 형사들이 날 잡으러 왔더라구."

지서에 잡혀간 할머니는 순순히 불법벌목을 자백했다. 열 식구에 학생만 다섯인데 월사금을 내지 못해 아이들이 학교를 그만둘 판이라 징역 살 각오를 하고 불법벌목을 하게 되었다고. 잘못한 걸 알고 있으니 순순히 징역을 살겠다고 머리를 숙였다.

- "잡혀가는 순간 '이제 징역을 사는구나' 하고 마음을 단단히 먹었지. 조사를 끝낸 경찰관이 파출소 옆 여관에 데려

다 놓더니 국밥을 한 그릇 시켜주네. 밥을 주고 징역을 살게 하는구나 생각하고 배고픈 김에 밥 한 그릇을 다 비우고 잠시 쉬고 있었더니 택시를 불러 우리 집까지 날 데려다 주라고 시키는 거야."

징역살이를 할 각오로 순순히 경찰을 따라간 할머니. 하지만 할머니의 지독한 자식사랑에 감동을 받은 경찰은 할머니를 구속하는 대신 잘 대접해 집으로 돌려보내주었던 것이다.

- "경찰이 날 보내면서 주머니에 봉투를 하나 꾹 찔러주기에 벌금 내라는 통지서인가 하고 조카에게 읽어봐 달라고 했지. 조카가 봉투를 열어보니 거기에 만 원짜리 지폐가 들어 있었던 거야."

얼마 뒤 할머니는 또다시 경찰서로 오라는 연락을 받는다.

- "이번엔 진짜 벌금을 내러 오라는 줄 알고 여기저기서 돈을 빌려 3만 원을 들고 갔네. 그런데 이번엔 서장님이 나에게 장한 어머니상을 주더라구. 나 해남에서 장한 어머니상을 두 번이나 받은 사람이야."

후처와 남편 사이에서 태어난 일곱 아이들을 자신이 낳은 자식

만큼이나 애지중지 최선을 다해 키워왔지만 어떤 이유에서인지 지금 할머니는 외로운 독거 상태이다.

- "남편 죽기 얼마 전부터 그렇게 집안에 분란이 나더니 남편 죽고 난 후로 작은사람이 낳은 일곱 애들하고는 완전히 왕래가 끊겼어. 내가 피해서 도망 나온 거야. 뭘 잘못했는지 날 그렇게 못살게 굴더라구. 내가 낳은 딸도 얼마 전 이혼한 후로는 충격을 받았는지 정신이 오락가락하고. 내가 무슨 죄가 많아서 이렇게 됐는지 모르겠지만 죽지도 않고 오래 살면서 이 모진 풍상을 겪으니 이게 무슨 팔자인지 몰라."

잠시 신세한탄에 빠졌던 할머니가 당신이 가진 재산은 이것뿐이라며 서랍 속에 고이 간직해둔 수의를 꺼내 보여주신다.

- "이거 내 환갑 때 내가 직접 길쌈하고 바느질해서 만든 수의야. 혼자 살지만 누구든 내가 죽으면 시신을 수습해야 할 텐데 그 사람들에게 부담을 주고 싶지 않아서 준비해둔 거야. 마지막 가는 길에 입을 옷까지 얻어 입고 가긴 싫으니까."

할머니의 수의는 명주나 삼베의 짜임이며 바느질 솜씨까지 전통 공예 작품이라고 해도 과언이 아닐 정도로 빼어났다. 반평생 넘게 베틀에 앉아 길쌈을 하며 살았지만 모두 먹고살기 위해 내다 팔았

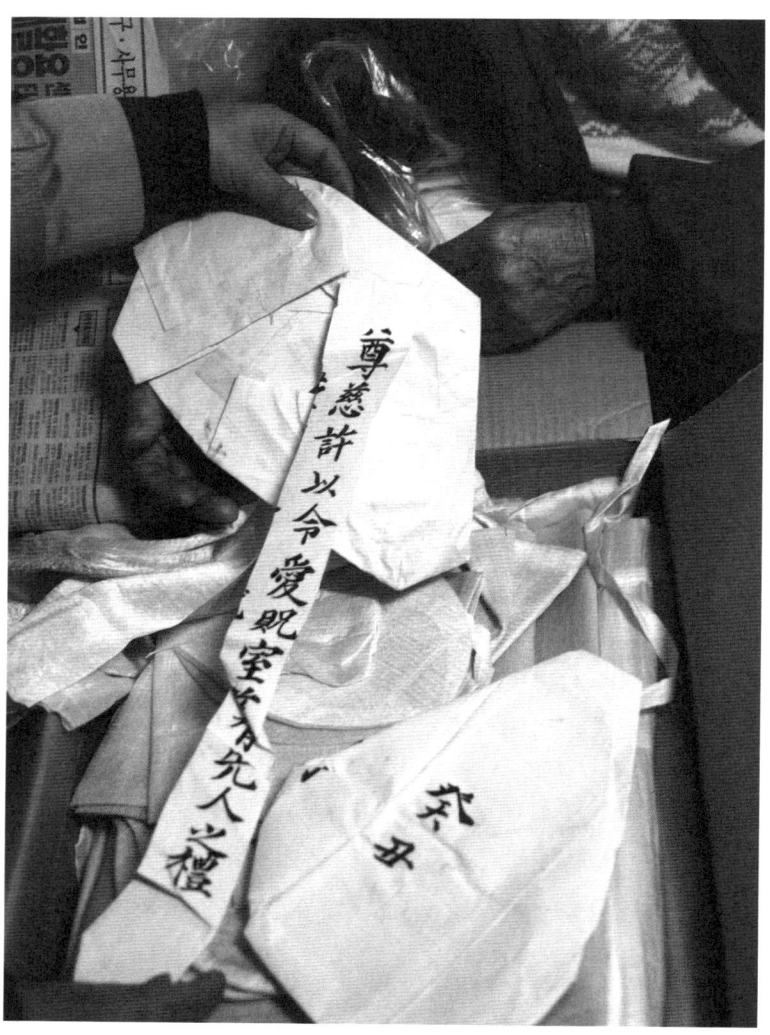

....
누가 마지막 가는 길을 배웅해줄까. 나이 환갑에 직접 길쌈하고 바느질한 수의가 유일한 재산이자 보물이다.
고운 명주옷 입고, 열일곱 결혼할 때 받은 혼서지로 만든 신발을 신고 훨훨 저승 갈 날을 기다린다.

을 뿐 정작 당신을 위한 명주옷은 단 한 벌도 지어본 적이 없는 할머니. 환갑이 되어서야 비로소 살아서 입을 것도 아닌 저승 가는 길에 입을 명주옷을 준비하셨다.

곱게 접어놓은 수의 속에 오래된 듯 보이는 종잇조각이 끼어 있다. 접어놓아서 주머니나 봉투를 연상하게 하는 종이. 무엇이냐고 물으니 저승 갈 때 신고 갈 신발이란다.

손수 길쌈하고 바느질한 수의

▪ "그거 저승 갈 때 신고 갈 내 신발이야. 열일곱 살 시집올 때 가져온 혼서지로 만든 거지."

혼례에 앞서 신랑 될 사람의 아버지가 신부 부모에게 보내는 짧은 서간인 혼서지는 신부가 무덤까지 가지고 가야 하는 물목 중 하나였다. 그것을 가지고 가야만 저승에서도 이부종사를 하지 않고 이승에서 살던 남편과 다시 만나 부부로 해로한다는 믿음 때문이다. 고운 명주옷 입고 열일곱 시집갈 때 받은 혼서지 신발을 신고 훨훨 저승 가는 날을 기다리신다는 할머니. 하지만 준비된 죽음에 비해 살아 있는 삶은 구차하고 쓸쓸하기만 하다.

여든을 넘긴 나이에 스스로 생계를 챙겨야 하는 할머니. 이런 형편이라면 정부에서 도움을 드려야 하는 것 아닌가 궁금해진다. 하지만 할머니의 호적에 작은부인이 낳은 일곱 자녀를 포함한 여덟 명의 자녀들이 올라 있는 데다가 자녀들에게 어느 정도 재산까지 있는 것으로 파악되고 있어 지원 대상자가 될 수 없다.

자녀들의 재산이 노모를 부양할 수 있을 정도인 것으로 드러나는 경우, 자녀들이 부양을 포기하거나 거부할지라도 정부에서 우선 생계비를 지원하고 나서 돌아가신 후 자녀들에게 청구하는 방법이 있긴 하지만 자녀들이 극구 이를 거부할 경우 방법이 없다. 할머니의 사정이 딱한 건 분명하지만 이런 경우 강제집행을 할 수 없는 것이 이 제도의 한계인 것이다.

결국 할머니는 노령연금 8만 4천 원과 복지단체 지원금 5만 원, 쌀 7킬로그램으로 한 달을 살아내야 한다. 그나마도 월세 10만 원을 내고 나면 반찬 하나 장만하기 어려운 형편이다.

폐지라도 주우러 다닐 수 있었던 몇 년 전만 해도 아프면 병원에도 다니고 추우면 난방도 하면서 지냈지만 지금은 동전 한 닢도 쓸 수 없을 만큼 수중에 돈이라고는 없다. 할머니의 딱한 사정이 알려져 이틀에 한 번 무료도시락이 배달되고 몇몇 이웃들이 반찬을 나누어드리기도 하지만 언젠가는 사는 집을 비워야 하기에 할머니는 늘 마음이 불안하고 초조하다.

- "지금 보증금 2백만 원짜리 방이 어디 있겠어. 그나마도 월세 몇 달 밀리면 다 까먹고 늙은 몸뚱이 어디로 가야 할지 몰라. 나 같은 사람(호적에 부양 가능한 자식이 있는 노인)은 시립

양로원에서도 받아주지 않는다면서? 그러면 어떡하나, 갈 데가 없는데. 길거리에서 먹고 자고 그러다 죽어야 하나?"

승용차보다 더 좋은 보행기……

이제 가까운 시장 나들이 정도는
 갈 수 있으니 얼마나 다행인지.
햇볕이 좋을 땐 갑갑한 방을 나와
 작은 마당에서 휴식을 취한다.

사진 우양재단

11

누구를
원망하고 싶지도
미워하고 싶지도
않아

김원용
1943년생

서울 강서구 화곡동, 차 한 대가 간신히 빠져나갈 만한 좁은 골목을 이리저리 헤매다 보면 요즘 보기 드문 골목시장 입구와 마주치게 된다. 다시 복잡한 시장골목을 돌아 조금만 걸으면 빼곡히 들어선 다가구주택들 밑동에 자리 잡은 반지하방들이 눈에 들어오는데 비슷비슷한 반지하방 중에서 김원용 할아버지의 집을 찾아내기란 숨은그림찾기처럼 쉽지 않다.

함께 간 우양재단의 사회복지사는 이런 집을 '쪽방'이라고 했다.

한 건물에 몸 하나 누일 만한 크기의 방들이 수십 개씩 들어찬 쪽방촌을 말하는 건 아니지만, 할아버지가 살고 계신 방 역시 공동주거의 형태만 아닐 뿐 쪽방이라고 부를 만큼 열악하다는 뜻이다.

길가로 난 낮은 철문을 열자 바로 할아버지의 방이 보인다. 방 안에 형광등이 켜져 있었지만 햇빛에 익숙해진 눈이라 그런지 어둡다는 생각이 먼저 들었다. 두세 개의 계단을 내려가도록 되어 있는 반지하 구조. 할아버지는 부엌 하나가 딸린 이 단칸방에서 보증금 5백만 원에 월 8만 원의 임대료를 내며 살고 있다.

열심히 살았지만 남은 것은 가난과 아픈 몸뿐

가스레인지와 작은 싱크대가 전부인 부엌에서는 살림의 흔적을 찾기 힘들다. 독거노인 중에서도 할아버지들은 손수 식사를 준비하는 일에 어려움을 느끼는 경우가 많다. 할아버지들이 할머니들에 비해 게으르거나 의욕이 없어서가 아니다. 우리나라의 가부장적 문화 탓에 혼자 살기 전까지 부엌에서 음식을 만들어본 경험이 없으니 뭘 어떻게 해야 하는지 모르기 때문이다. 음식 솜씨, 살림 솜씨를 자랑하던 할머니들도 나이가 70, 80이 넘어가면 몸과 마음이 모두 쇠해서 밥하고 빨래하는 일조차 귀찮아지기 마련인데 부엌일을 모르던 할아버지들의 경우는 더 말할 것도 없다.

난방을 하지 않아서인지 반지하 특유의 습기와 곰팡이 냄새가

북향 반지하방의 어둠을 밝힐 수 있는 건 대낮 중천을 가르는 태양이 아닌 형광등뿐이다.
외출에서 돌아오자마자 가장 먼저 등을 켠다.

심하게 느껴졌지만 방 안 구석구석은 할아버지 혼자 사는 방이라고는 믿기지 않을 정도로 정돈이 잘되어 있다. 유난히 깔끔한 할아버지의 성격을 짐작할 수 있다. 방석을 두 장 내주며 바닥이 차가우니 깔고 앉으라고 하셨지만, 방석 위까지 치고 올라오는 습기와 냉기는 어쩔 수가 없다.

"바닥이 이렇게 차가운데 왜 난방을 하지 않으세요? 지병도 있다고 들었는데 추운 데서 주무시면 몸이 더 아프지 않으세요?"

▪ "난방을 어떻게 해? 영하 10도 이하로 내려가면 조금 할까, 어지간한 날씨는 참고 지내야지. 난방비를 누가 주나. 수급자라면 난방비도 지원되고 생활비도 지원되지만 나는 수급자도 아니니 그런 지원도 못 받아. 도와주는 사람도 없는데 보일러를 막 때고 살면 그 돈을 누가 주나?"

방 안에서도 입김이 솔솔 날 정도로 지독한 추위가 아니라면 난방을 하지 않으신다는 할아버지 역시 길고 긴 겨울을 전기장판 하나로 견뎌야 하는 독거노인인 것이다. 자신의 처지를 부끄러워하기 때문인지 개인사를 쉽게 꺼내놓지 않으시는 할아버지. 그 역시 다른 아버지들과 마찬가지로 최선을 다해 열심히 살아온 이 시대의 아버지가 분명하지만 아내도 자식도 곁을 떠나고 남은 것은 지독한 가난과 10년 전 교통사고로 얻은 장애뿐이다.

장애를 가진 가난한 독거노인으로 지내온 삶이 녹록하거나 순탄했을 리 없다. 그런 때문인지 김원용 할아버지 역시 대부분의 독거노인들처럼 쉽게 마음의 문을 열지 않았다. 결국 이런저런 세상 돌아가는 이야기로 한참 대화를 나눈 후에야 조금씩 자신의 이야기를 풀어놓기 시작하셨다.

열여섯에 학교 대신 공사장으로

할아버지의 고향은 충남 논산. 부모 세대부터 논 한 뙈기 소유해보지 못했던 가난한 소작농의 아들이었다. 그나마도 아버지는 3년을 병석에만 누워 있다가 한국전쟁이 나기 전 돌아가시고 어머니 홀로 4남 2녀의 생계를 책임져야 했으니 형편이 오죽했을까.

- "어머니가 우리 6남매 데리고 사느라 고생 많이 하셨어. 나도 안 해본 일이 없지만 우리 어머니도 고생 많이 하신 분이야. 동네사람들이 어머니보고 치마만 둘렀지 장부가 따로 없다고 했거든."

할아버지의 최종학력은 초등학교 중퇴. 입학을 앞두고 한국전쟁이 나는 바람에 열두 살이 다 되어서야 다시 초등학교에 들어갔지만 졸업은 하지 못했다. 사업을 하던 형이 크게 실패를 하는 바람에 다니던 학교도 그만둔 채 도망치듯 고향을 떠나 외지인 대천으로 이사를 간 것이다.

- "그 뒤로는 학교 문턱에도 가보지 못하고 돈을 벌기 위해 공사장으로 돌기 시작했어. 처음엔 중장비기사 조수로 들어가서 잔심부름도 하고 옆자리에 앉아 후진도 봐주고 그랬지. 그러다 어깨너머로 운전을 배워서 열여덟에 처음 불도저 운전대를 잡아봤어. 그땐 그렇게 어깨너머로 배워서 운전하던 기술자들도 많았어. 나도 면허는 스물에 땄거든."

열여섯 어린 나이에 공사판에 뛰어든 할아버지는 착실하고 부지런한 성격 탓에 선배들의 귀여움을 받았다. 중장비기사들의 담배 심부름, 물 심부름 같은 잔일로 시작해 몇 년간의 조수생활을 거쳐 겨우 꿈에 그리던 운전대를 잡을 수 있었다.

1960년대 초반에는 자동차가 흔치 않았고 운전면허를 가진 사람도 드물었다. 더구나 중장비 같은 특수차량의 면허를 가진 사람은 아주 귀해 전문가 대우를 받던 시절이었다. 타고난 착실함과 뛰어난 눈썰미로 운전기술을 빠르게 익힌 할아버지는 열여덟에 그렇게 바라던 중장비기사가 된다.

경제개발 5개년 계획으로 전 국토가 개발이라는 소용돌이 속에 들썩거리던 1970년대가 중장비기사였던 할아버지의 인생에서는 최고점을 찍던 시절이라고 해도 과언이 아니다. 폭주하는 일거리로 몸은 힘들었지만 더 이상 배고픔과 가난에 시달리지 않아도 된다는 희망에 신이 나서 열심히 일했던 시절이었다.

- "내가 동아건설 3기야. 초창기 멤버지. 동아건설 들어가서 우리나라 전국에 길 닦는 데, 댐 쌓는 데, 둑 쌓는 데, 다리 놓는 데…… 안 다녀본 데가 없어. 공사현장을 따라 이사도 숱하게 다녔고……. 대한민국 큰 공사란 큰 공사는 다 해봤다고 해도 틀린 말은 아니야. 대한민국 큰 공사는 현대건설, 동아건설이 다 하던 때니까."

전 국토가 건설현장을 방불케 했던 1960, 70년대. 공사현장은 많았지만 중장비와 기술자의 수는 그에 미치지 못했기에 여느 직업에 비해 임금 수준도 그만큼 높았다.

- "그때 공무원 월급의 세 배를 받는다고 했지. 하지만 벌어서 한 푼도 내가 써본 일이 없어. 전부 어머니께 드렸지. 그땐 당연히 그래야 하는 줄 알았고."

고향을 떠나온 지 몇 해 만에, 그것도 나이 스물 언저리에 할아버지는 어머니와 형제들의 생계를 책임지는 가장의 역할을 하게 된다. 혼자 벌어 어머니까지 일곱 식구가 먹고사는 형편이었지만 불만을 가져본 적은 없다. 그때만 해도 당연히 그렇게 하는 것이

255

마땅하다고 생각했기 때문이다.

이른바 노가다판에서 잔뼈가 굵은 할아버지. 워낙 기술자들의 기세가 등등하다 보니 '곤조'(고집)라는 말까지 생겨났지만 원체 조용하고 얌전한 성격인 탓에 곤조 같은 것은 부려본 일이 없단다.

■ "어디 가나 그런 사람은 있지. 특히 기술자들 곤조는 유명하잖아. 기분 나쁘고 하기 싫으면 그냥 가버리는 거야. 워낙 공사는 많고 중장비는 부족하니 거기 아니라도 오라는 데는 많았거든. 그러다 보니 그런 사람들 때문에 다른 중장비기사들도 욕을 먹을 때가 있어. 안 그런 사람도 많은데 말이야."

처자식 위해 살았던 때가 좋았어

공사장에서 평생을 보낸 할아버지에게 가장 기억에 남는 현장이 어디였는지 물으니 스무 살 무렵에 참여했던 부안 계화도 간척사업이라고 한다.

■ "불가능하다는 일을 해낸 거야. 해양청과 수시로 무전으로 통화를 하면서 바닷물이 들어오면 철수하고 나가면 다시 흙을 쏟아붓고 하기를 반복하는데, 바닷물이 한 번 들어왔다 나가면 쏟아부은 흙의 3분지 1은 쓸려 나가지. 밑 빠진 독에 물 붓

기 같지만 그래도 계속하니까 메꿔지더라구. 지금도 지나다 보면 마음이 뿌듯해."

보람도 있었지만 끔찍한 순간도 많았던 건설현장. 경부고속도로의 초입부인 말죽거리 구간 건설에도 투입되었다는 할아버지는 당시 속전속결로 이루어지던 공사 때문에 근로자들의 희생이 적지 않았다고 회상한다.

■ "다른 현장에서는 폭발사고나 추락사고가 많이 난다지만 우린 중장비를 하니까 교통사고가 많았어. 장비가 워낙 크다 보니 후진하거나 회전하다가 미처 사람을 발견하지 못해서 일어나는 사고인데, 그땐 워낙 사고가 많아서 그랬는지 사고가 나서 사람이 죽어도 돈 몇십만 원 주면 그만이고 그랬어. 공사장 인부들이 워낙에 배운 것도 없고 힘도 빽도 없는 사람들이다 보니 회사에다 뭘 어떻게 할 줄도 몰랐던 거지."

1968년 2월 착공해 2년 5개월 만인 1970년 7월 개통한 경부고속도로. 2년 5개월의 짧은 기간에 공사를 마무리하면서 77명의 순직자가 발생했고 그들의 영혼을 위로하는 위령탑이 세워지기도 했다. 하지만 실제 공사에 참여했던 할아버지의 말씀으로 짐작해보면, 더 많은 노동자들이 공사현장에서 이름도 없이 사라졌으리라.

....
언제 난방을 했는지 기억이 나지 않는다.
불기운이 없는 바닥에는 발이 시려 앉아 있을 수 없다.
찬 손을 다리 사이에 넣어 녹여보지만 쉽게 따스해지지 않는다.

- "한강에서 모래를 퍼다 압구정동을 매립하는 공사도 했어. 그땐 황량한 그 땅에 뭐가 들어설까 했는데 나중에 보니 아파트를 잔뜩 지었더라구. 지금은 서울에서 그 동네가 제일 부자라며?"

혈기왕성하던 젊은 시절, 할아버지도 불도저 위에 올라앉으면 불가능한 일이 없을 것 같던 때가 있었다고 한다. 하지만 지나고 나니 불도저 위에서 본 세상과 땅을 밟고 본 세상은 사뭇 달랐다.

- "지금 대통령을 불도저라고 하던데 무조건 밀어붙이는 것이 좋은 게 아니야. 나도 한때 불도저 위에 올라가봐서 아는데 밀어붙이면 될 것 같지만 무리하게 하다 보면 꼭 사고가 나는 법이거든."

홀로 남은 어머니와 형제들을 부양하기 위해 그저 열심히 일만 했다는 김원용 할아버지. 가족과 일밖에 모르는 순박한 청년이었던 할아버지는 스물여덟에 결혼을 한다. 지금은 이혼한 상태라 30년 남짓한 결혼생활과 아내에 대한 이야기를 꺼내기가 쉽지 않지만 그래도 처자식을 위해 열심히 살았던 그때를 소중한 추억으로 간직하고 있다.

- "나보다 다섯 살 적은 아가씨였는데 참 예뻤지. 재미는

뭐, 그저 남들처럼 그렇게 살았어. 나는 돈 벌고 아내는 아이들 키우고…… 그런 게 재미지 뭐가 재미야. 아이들 낳고 살다가 동아건설에서 나와 다른 건설회사에도 들어갔고, 나중에는 이런저런 사업도 했지."

열심히 노력한 끝에 마흔 무렵에는 번듯한 집도 하나 장만했던 할아버지. 한창 부동산 열풍이 불 때는 건설회사에서 나와 이른바 땅장사와 집장사로 돈을 좀 모아보기도 했다.

▪ "프라이드(승용차) 처음 나왔을 때 그거 사서 타고 전국을 다니면서 부동산 사업을 좀 했지. 나야 워낙 자본이 많지 않으니까 작은 거를 사서 팔고 그랬지만……. 그래도 그때만 해도 이렇게 될 줄을 누가 알았나."

부자는 아니어도 단란하게 살아가던 할아버지가 가난의 나락으로 떨어진 것은 10여 년 전. 사업을 하던 친구에게 보증을 서주면서부터였다. 때마침 찾아온 IMF 사태는 꺾인 다리를 한 번 더 꺾어 앉혔고 할아버지는 순식간에 빚쟁이들에게 쫓기는 신세가 되어버렸다. 그런 소용돌이를 겪으며 가족들은 뿔뿔이 흩어졌고 아내와는 이혼을 했다.

▪ "내 잘못이니 할 말이 없지 뭐. 누구를 원망하고 싶지

도 미워하고 싶지도 않아. 다만 내가 못나서 이렇게 된 것이니 내가 혼자 감당하면 되는 거지."

오토바이 사고에 폐암 수술까지

이혼을 한 후 혼자 살며 설비나 공사판 잡부 등의 일을 하면서 생계를 유지했던 할아버지. 나름대로 돈을 모아 작지만 방도 한 칸 얻고 조금씩 재기의 발판을 마련하려 할 즈음에 큰 사고를 당하게 된다.

- "2001년 설비 일을 다니던 중에 오토바이 사고가 났어. 그래서 지금도 척추랑 목, 허리에 모두 인공뼈가 심어져 있고. 다리도 온전치 않아서 바닥에 앉기가 어렵고, 한쪽 다리는 아예 감각도 없어. 의사가 죽지 않은 것만도 다행이라고 했어. 그 사고로 지체장애 2급을 받았거든."

오토바이 사고를 당해 가지고 있던 돈을 모두 병원비로 써버린 상태에서 또 다른 위기가 찾아온다. 2002년 폐암이 발견되어 또다시 큰 수술을 받게 된 것이다.

- "스무 살에 중장비기사 조수 노릇 하면서 배운 담배니

수십 년을 피운 거지. 사업 실패하고 난 후에도 하루 두 갑씩 피웠으니까……."

오토바이 사고에 폐암 수술까지. 더 이상 몸을 움직여 먹고사는 것이 불가능해진 할아버지의 안타까운 사정이 반영되었는지 2003년에는 수급자로 지정되어 몇 년간 도움을 받기도 했다. 하지만 지금은 그나마도 끊겨버린 상태.

- "수급자일 땐 나라에서 생활비도 나오고 병원비도 모두 무료니까 몸만 얼른 나으면 살겠구나 생각했지. 그런데 어떻게 된 것이 그것도 3년 주더니 딱 끊더라구. 어느 날 구청에서 조사를 나오더니 내 호적에 자식이 있어서 수급자가 될 수 없다는 거야. 지금까지도 자식들과 떨어져 지냈는데 갑자기 자식들이 있으니 수급자가 될 수 없다니……. 이제 와서 나보고 어쩌라는 건지 몰라."

더구나 오토바이 사고 후유증으로 2009년 7월 허리 수술을 다시 받았다. 그때 들어간 병원비 5백만 원 중 2백만 원은 보건복지부 긴급복지지원제도의 도움을 받았지만 나머지 3백만 원은 여전히 갚아야 할 빚으로 남아 있다.

- "나는 내가 어떻게 해서 수급자가 되었는지도 모르고

또 왜 수급자가 되지 못하는지도 모르지만 그건 좀 서운해. 다 그렇다는 건 아니지만 내가 다니면서 보면 꼭 도움이 필요한 사람이 아닌데도 수급자가 돼서 돈을 타먹는 사람이 있어. 실제로 내가 봤기 때문에 하는 말이야. 나 같은 사람은 자식 있다고 안 된다고 하면서 그런 사람은 또 왜 해주나? 나처럼 힘없고 빽 없고 배우지 못한 사람들은 어디 가나 설움을 받아. 그러니까 내가 서운하다고 하는 거지……."

허리 수술을 받은 이후 목뼈에까지 문제가 생겼는지 이제는 고개도 마음대로 돌리지 못하게 되었다. 하지만 병원비를 감당할 수 없는 형편이라 아프고 괴로워도 무조건 참을 수밖에 없다. 사고로 장애인이 된 독거노인이지만 호적상 자식이 있으니 자식에게 부양을 받으라며 수급 대상자에서 제외한 것이다.

병원비와 생활비를 스스로 해결해야 하는 할아버지는 이런 행정에 불만이 많다. 독거노인이든 장애인이든 사정을 잘 파악하면 정말 도움이 필요한지 아닌지 알 수 있을 텐데 무조건 호적만 가지고 수급 대상자를 판정하기 때문에 아무리 딱한 처지에 놓인 경우라도 정부의 혜택을 받기 어렵다는 것이다.

■   "내가 구청이나 동사무소에 가서 말했어. 내가 자식이 있다고 해도 이미 헤어진 지가 10년도 넘었고, 그 애들 역시 날 도와줄 만큼 넉넉지도 않고, 내가 손을 벌릴 처지도 아니고…….

....
세상을 원망한 적도 있었지만, 이제 누구도 미워하지 않는다.
자식을 생각하면 늘 미안한 게 부모 마음이다. 가슴속 이야기를 털어놓으려니 아직은 부끄럽기만 하다.

화곡동 쪽방촌에 가봐. 나 같은 노인들이 부지기수야. 자식이 있어도 용돈 한 푼 받을 형편이 아닌데 자식 때문에 아무 지원도 받지 못하는 노인들 말이지."

오죽했으면 노인이 자식들과 떨어져 혼자 지내고 있을까. 어떤 노인이 떨어져 지내며 연락조차 뜸한 자식들에게 생활비를 보태달라는 말을 할 수 있을까. 요즘에도 부모에게 극진한 자식들이 없는 것은 아니지만, 대부분은 부모 부양에 부담을 느끼고 있다는 것을 잘 아는 노인들로서는 차라리 굶어 죽으면 죽었지 자식들에게 손을 내밀고 싶지 않은 것이다.

- "내가 보니 수급자 지정이라는 게 원칙이 없어. 밖에 나가보면 어떤 노인들은 먹고살 만한데도 수급자로 지정받아 생활비 타먹는가 하면, 어떤 사람들은 폐지나 빈병을 주워서 간신히 연명하고 사는데도 쌀 한 자루를 안 주는 거야. 구청 담당자들이 직접 나와서 사는 걸 보면 알 텐데. 알면서도 무조건 호적에 자식이 있어서 안 된다니 우리 같은 사람은 죽겠는 거지."

할아버지의 불만은 다른 독거노인들의 불만과 별반 다르지 않았다. 정부로부터 생활비 지원 혜택을 받는 수급자나 차상위계층을 지정할 때 단순히 호적 같은 서류나 간단한 방문 정도로만 파악할 것이 아니라 좀 더 세밀한 조사가 이루어져야 한다는 것이다.

호적에 자식 있으면 무조건 안 된다니

지금처럼 호적 기록과 한두 번의 의례적 방문만으로 수급자를 선정하면 실제 가족관계와 생활정도를 제대로 알아내는 데에 한계가 있다. 그래서 혜택을 받아야 할 많은 사람들이 혜택 대상에서 제외되거나 반대로 불량수급자가 늘어난다면 이는 현행 수급자 선정 방식의 중대한 허점이 아닐 수 없다.

독거를 택한 노인들이 수급자 지정을 원하는 경우는 대부분 오랫동안 자식들과 연을 끊고 지내왔거나 어떤 이유에서든 자식들에게 도움받기를 거부하는 경우, 혹은 자식에게서 직간접적으로 버림받은 경우라고 보는 것이 합당하다. 어떤 경우든 자식들에게 부양을 기대할 수 없는 상황에 처해 있는 것이다.

- "선거 때만 되면 악수를 하고 노인정 찾아다니면서 굽신굽신하는데 지나고 나면 내가 언제 그랬냐 그러는 거야. 정부도 봐, 올해 복지예산을 얼마나 줄였는지 몰라. 그나마 받던 얼마 되지 않는 장애인수당도 줄었어."

할아버지의 원망은 여기에서 그치지 않는다. 4대강 예산 때문에 복지예산이 줄어든 데에도 불만이 많으시다.

- "4대강 사업도 그래. 내가 댐도 막아보고 다리도 놓아

보고 해서 아는데 보를 설치하면 깨끗한 물은 위로 넘쳐 나가지만 아래 고인 물은 썩어버리거든. 난 배운 게 많지 않아 잘 모르지만 그냥 공사를 해본 사람으로서 4대강은 안 될 일이라고 생각해. 그런 데다 돈 쓰려고 가난하고 어려운 국민들에게 돌아갈 복지예산을 줄인다는 게 말이 되냔 말이야."

내 상황이 어렵다 보면 세상이 더 원망스러운 법이다. 가진 것도 없고 도움받을 곳마저 없는 할아버지. 오토바이 사고로 장애를 가지게 되었고 수술 후유증 때문에 앞으로도 얼마나 더 병원비가 들어갈지 알 수 없는 상황이다 보니 하루하루 살아내는 것이 죽는 것보다 힘들다는 생각이 들 때가 적지 않다.

시종일관 막막하다, 답답하다 하시면서도 할아버지는 부끄러운지 자꾸만 얼굴을 붉히며 웃으신다. 원래 웃음이 많고 수줍음을 잘 타는 성격이라 이렇게 누구에게 털어놓고 이야기하는 상황이 어색하기만 하신 모양이다.

■   "이거 참, 뭐 좋은 이야기라고. 난 정말 누구 원망할 마음도 없고 누구 미워하지도 않고 그래. 다만 자식에게 미안하지. 애비가 잘못해서 이렇게 어렵게 되었으니 말이야. 초등학교도 나오지 못한 무식한 애비가 그나마 가지고 있던 재산도 다 날리고 거지가 되었으니 참 미안해. 이런 애비 도와주지 못하는 애들 마음은 또 얼마나 힘들겠어. 자식들 어렵게 사는 거 아는데 애비

라고 도움도 되지 못하고 부담만 주니 미안하지……. 정말 뭐라도 있으면 우리 애들 도와주고 싶어. 부모 맘이라는 게 다 그런 거 아니겠어…….”

노령연금 8만 4천 원과 장애인수당을 합해 16만 원의 지원을 받고 있는 할아버지. 하지만 자식이 있다는 이유로 더 이상의 지원을 받지 못한다. 10년 전 교통사고로 목뼈와 척추, 허리에 인공관절 수술을 받고 이후 폐암까지 발생해 적잖은 기간 동안 병원생활을 하는 통에 수술비와 치료비로 가지고 있던 몇 푼의 돈을 모두 사용한 것은 물론 빚까지 지게 되었다. 병원비를 마련하지 못해 퇴원조차 할 수 없었을 때에는 정부의 긴급복지지원도 받았다. 퇴원 이후 한동안은 할아버지의 딱한 사정이 받아들여졌던지 수급자로 지정되어 넉넉하진 않지만 병원비와 생활비를 걱정하지 않아도 됐다.

하지만 할아버지는 3년 전부터 수급자 지정에서 제외되었다. 이혼 이후 뿔뿔이 흩어져 살아온 자식들에게 소득이 생겼다는 이유로 생계비 지원을 끊어버린 것이다. 평소에 사이좋은 부모 자식 간일지라도 긴병에 효자 없다는 말이 있는데, 이혼 후 남남처럼 지내왔을 자식이 장성해 소득이 생겼다 한들 어떻게 그들에게 부양을 요구할 수 있을까.

할아버지는 사고와 수술의 후유증으로 장애가 생겨 병원 출입도 간신히 하고 있다. 몸조차 자유롭지 못한 독거노인에게 유일한 생명줄인 생계비 지원을 중지하는 것은 죽으라는 소리나 다름없다.

병원비를 대느라 월세를 제때 내지 못해 보증금도 이제 얼마 남지 않았다. 수술과 재활치료가 시급하지만 돈이 없어 근육이 굳고 뼈가 비틀려도 속수무책 지켜보는 것 외엔 별다른 방법이 없다. 남은 보증금마저 바닥나버리면 그땐 어떻게 해야 하나? 그나마 조금씩은 움직일 수 있었던 팔다리조차 영영 쓰지 못하게 되면 어떻게 하나? 질병과 빈곤이라는 이중고에 시달리는 할아버지의 걱정은 쉽게 끝날 것 같지 않다.

생활고를 이기지 못하고 해체된 가족,
사고와 지병으로 장애까지 생긴 고단한 삶……

출구는 어디에 있을까

사진 유성호

12

딸 하나만 바라보며 견뎌온 세월이야

박막순
1928년생

"4년 전쯤일 거예요. 할머니 집 도배를 해드리러 갔던 날이었나? 할머니가 저를 부르시더니 다락에 좀 올라가보라는 거예요. 다락 구석에 보자기가 하나 있을 테니 들고 내려와보라구요."

어두컴컴한 다락을 더듬어 할머니가 말한 보자기를 찾은 자원봉사자 정창길 씨. 언제부터 그곳에 있었는지 먼지가 쌓인 채 꽁꽁 묶인 보따리는 서류가 들었는지 편지가 들었는지 제법 묵직했다.

"그걸 들고 내려와 풀어보고 얼마나 깜짝 놀랐는지 몰라요. 글쎄 그게 다 돈이더라구요, 천 원짜리부터 만 원짜리까지……. 얼마나 오래전부터 모아두었는지 지금은 사용하지 않는 화폐도 많이 끼어 있더라구요."

박막순 할머니와 오랫동안 알고 지내면서 쌀도 전달해드리고 도배도 해드리며 아들처럼 이야기 상대가 되어드렸던 창길 씨는 할머니 다락에서 돈벼락이 쏟아지던 날을 아직도 잊을 수 없다.

빈병과 폐지로 모은 1180만 원

"할머니와 마주 앉아 세어보니 정확히 1180만 원이었어요. 모아놓은 돈이 얼마인지 세어보지도 않고 생기면 갖다 넣고 생기면 갖다 넣고 그러셨던 거예요. 은행에도 갈 줄 모르고 그냥 버는 대로 넣어두기만 한 거죠. 그걸 저에게 맡기면서 방을 구해달라 하시더라구요. 그때 사시던 월세방 값에 그 돈을 보태서 지금 이 방으로 이사를 오게 되었죠."

지난 30년간 고물을 팔아서 생활하셨다는 할머니. 천 원이고 만 원이고 돈이 생기는 대로 장판 밑이나 묵은 옷가지들 사이에 끼워놓기를 수십 년. 티끌 모아 태산이라는 말이 있긴 하지만 실제로

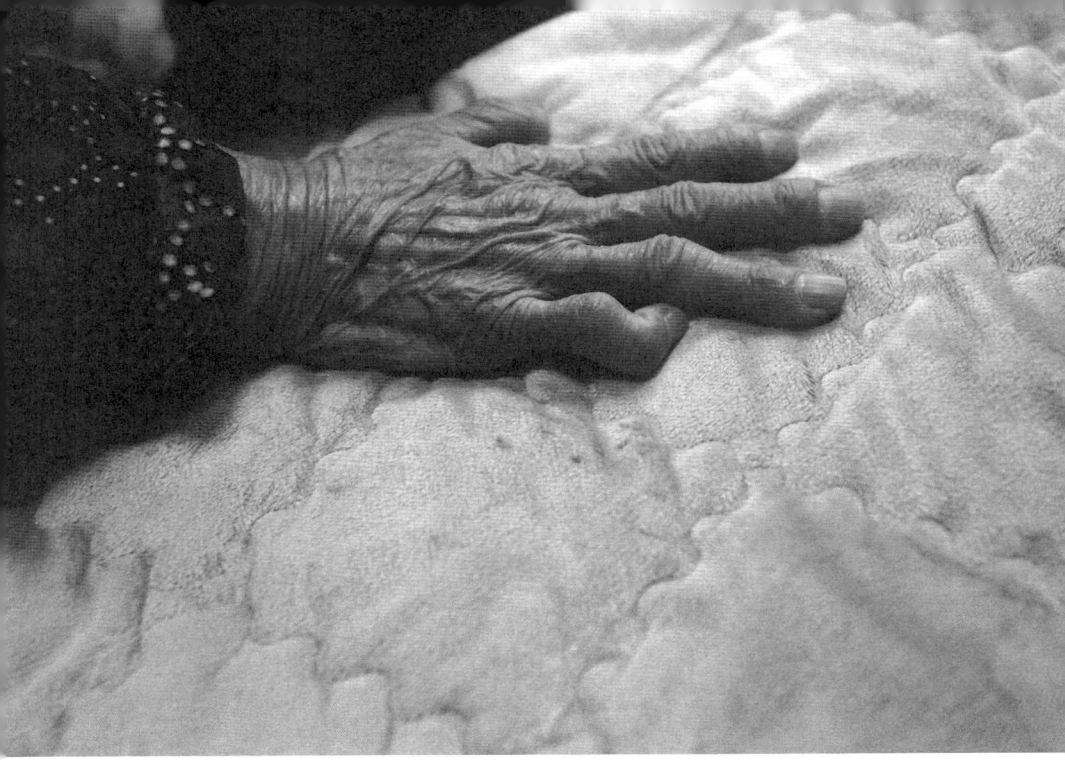

....
일이란 일은 닥치는 대로 했다. 억척스럽다는 소리도 많이 들었다.
남편 없이 아이와 먹고살려면 어쩔 수 없었다.
고단했던 삶의 흔적이 두껍게 마디지고 휘어져버린 손가락에 고스란히 담겨 있는 듯하다.

헌병이나 폐지, 고철 등을 주워다 팔아 천만 원이 넘는 돈을 만들기까지 얼마나 고단한 삶을 살아오셨을지 짐작이 간다.

쌀집아저씨라는 애칭으로 불리는 자원봉사자 정창길 씨와 할머니의 인연은 참으로 특별하다. 세상으로부터 받은 수없는 상처 때문에 마음의 문을 닫아버린 할머니가 뒤늦게 얻은 소중한 사람. 그는 할머니에게 자원봉사자라기보다는 아들이고 남편이며 애인이자 친구였다.

하나뿐인 딸 말고는 창길 씨가 유일한 말상대라는 할머니. 당신의 굽이굽이 살아온 이야기를 처음 꺼내놓은 사람도 창길 씨였으며, 마음이 복잡하고 심정이 사나울 때 소주잔을 기울이며 신세한탄을 해본 사람도 창길 씨뿐이었다. 그렇게 친하다는 창길 씨와 함께 할머니를 찾아갔지만 문전박대를 당하기는 마찬가지였다.

■ "누구라고? 나 같은 늙은이를 뭐하러 만나러 왔어? 나 방송국에서 와도 안 해준 사람이야, 할 말도 없고. 다 귀찮아. 늙은이를 왜 그렇게 귀찮게 해."

척추를 다쳐 등이 심하게 굽은 할머니는 작고 여위어 부서질 듯 약해 보이신다. 하지만 외부인에 대한 경계심을 늦추지 않는 날카로운 눈빛만큼은 여전히 살아 있어 억척스럽게 살아온 할머니의 지난날을 짐작게 했다.

젊은 시절 혼자되어 어린 딸과 살아온 인생. 아이 딸린 이혼녀에게 세상살이는 녹록지 않았을 터, 할머니가 세상을 향해 마음을 닫고 모르는 사람에게 적대감을 가질 수밖에 없는 것도 당연하지 싶다. 세상으로부터 받은 상처가 그만큼 많았기 때문이리라.

- "창길이, 아들은 잘 있지? 왜 한번 데려오지그래. 창길이 닮아서 녀석이 아주 귀여워. 한번 데려와. 그냥 앉아 있지 말고 귤도 하나 까먹어봐. 아니면 술 한잔 줄까? 담배 하나 피울래?"

함께 온 다른 사람에게는 눈길도 주지 않고 오직 창길 씨에게만 눈을 맞추고 말을 건네는 할머니. 마치 기다리던 아들을 만난 듯 뭐든 먹이고 싶고 뭐든 주고 싶은 심정이 역력하다.

"그게 아니고 오늘은 우리 막순 씨 이야기 좀 들려달라고 온 거야. 막순 씨 옛날이야기 좀 해줘. 어떻게 살았어? 딸하고 지금까지 사느라 고생 많이 했잖아."

- "지랄허구 있다. 내가 한 고생을 어떻게 말로 다 할 수 있어. 그만두고 술이나 한잔하고 가. 이제 늙어서 다 잊어버렸구, 모다 귀찮으니까 더 이상 말 시키지 말고."

계속해서 낯선 사람에 대한 거부감과 경계심을 보인다. 비록 독거노인으로 외로운 생활을 하고 있지만 자신의 힘들었던 과거 이야기를 남 앞에 꺼내놓는 것이 쉬운 일은 아니다. 더구나 아흔을 바라보는 지금에 와서 과거지사를 들추어낸들 무슨 소용이 있겠냐는 것이다. 하지만 창길 씨의 설득에 못 이기는 척 먼 기억을 더듬는 할머니. 노쇠한 육신만큼이나 가물가물 흐려지는 기억 속에서 얼마 남아 있지 않은 조각들을 꺼내는 것조차 힘든 작업이었다.

어린 딸 키우며 살아온 모진 인생

할머니의 고향은 〈춘향전〉의 무대가 된 전라도 남원의 한 작은 마을. 가구 수도 얼마 되지 않던 시골이었다.

- "전라도 남원이 고향인데 워낙 가난한 농사꾼집이다 보니 우리 부모님은 나를 가르치지도 못했어. 고향에서 부모님 농사일을 도우며 살다가 열여덟에 이웃집 행랑어멈 중매로 시집을 갔네. 근데 그게 영 잘못된 거야."

너무나 오래된 세월에 한 가닥 추억조차 없었던 때문일까. 할머니의 유년 시절은 이미 기억 속에서 지워진 지 오래된 듯했다. 그저 평범한 일상을 살던 시골처녀였을 할머니. 그 당시 대부분의 부녀자들이 그랬듯 논일, 밭일, 길쌈에 부엌일까지 배고픔을 면키 위해 하루 종일 열심히 일했던 기억밖에는 떠오르는 것이 없다. 눈을 뜨면서 일을 시작해 잠들기 전까지 일을 손에서 놓지 않았건만 왜 그리 가난을 면하기가 어렵고 왜 그리 밥 한 그릇 배불리 먹기가 힘들었던지. 지긋지긋한 가난과 배고픔만 오래도록 기억에 남아 있다.

집안일을 돕다가 열여덟에 결혼을 하게 된 할머니. 결혼하지 않은 처녀는 종군위안부로 끌려간다는 말 때문에 서둘러 혼처를 잡아 예식을 치렀지만 막상 결혼하고 보니 남편은 아이까지 있는 홀아비였다.

- "속아서 결혼을 했지 뭐. 처녀로 시집을 갔는데 결혼을 하고 보니 남편은 전실 자식까지 있더라구. 그래도 어떡해, 살아야지. 나도 살아보려고 했어. 그런데 이 남편이 정말 너무하는 거야. 한 번에 기생을 셋씩 데려다 아랫집, 윗집에 두고 살림을 차리더니 나중엔 노름까지 해서 그 많던 재산을 다 날리더라니까."

별달리 하는 일 없이 부모 재산만 축내던 남편은 재혼한 후에도 가정에는 관심이 없었다. 할머니가 마흔둘이나 되어서야 첫아이를 갖게 된 것도 다 그 때문이다. 기다리던 아이를 낳았지만 남편의 마음은 돌아서지 않았다. 외도와 노름은 물론 폭력까지 일삼던 남편은 결혼생활 30년 만인 마흔여덟에 결국 이혼을 요구하고 나왔

....
지난 세월을 더듬으면 지긋지긋한 가난과 배고픔만이 기억에 떠오른다.
자꾸만 흐려지는 기억을 붙드는 일조차 힘든데,
세상으로부터 받은 상처를 들추어 낯선 이에게 들려주려니 선뜻 마음이 열리지 않는다.

다. 다른 여자가 생겼으니 더 이상 함께 살고 싶지 않다며 나가달라는데 무슨 말이 필요할까. 수모와 핍박을 견디며 살기보다는 차라리 남편의 요구대로 이혼을 해주고 집을 나오는 편이 나을 것 같았다. 하지만 늦게 얻은 딸만큼은 두고 나올 수가 없었다.

- "처음엔 데리고 가라더니 나중에 아이가 좀 크니까 자기들 씨라면서 슬쩍 애를 데려가려고 하더라구. 내가 그걸 가만둬? 내 딸만 건드리면 다 죽여버린다고 했어. 버릴 땐 언제고 이제 와서 딸이라고 찾는 게 어디 있어. 굶어 죽어도 내가 데리고 있겠다고 했어."

늦은 나이에 얻은 딸이라도 없었으면 그 외로운 세월을 어찌 견뎠을까. 오디처럼 까만 눈을 깜박이며 엄마를 찾는 딸이 있었기에 이혼 후 힘든 시간도 억척스럽게 이겨낼 수 있었다.

나 똥지게 져본 여자야

- "이혼하고 나와서 뭐 할 일이 있어야지. 그래도 딸하고 먹고는 살아야 하니 무조건 품을 팔았지. 그땐 몸도 좋아서 얼마나 일을 잘했다구. 밭을 매면 5백 원 주고, 골을 타면(논밭에 물골을 파는 일) 7백 원을 줬어. 날품도 팔고 달품도 팔고······."

그렇게 품을 팔다가 장사를 해볼 욕심이 생겼다. 장사를 하면 하루 종일 힘들게 일하고 받는 품삯보다는 좀 더 많이 벌 수 있을 거라는 생각에 생선을 떼어다 팔아볼 작정을 했다.

- "장사도 아무거나 하면 안 되겠더라구. 노량진수산시장에서 갈치를 한 다라이 무겁게 받아서 머리에 이었는데 비린내가 난다고 버스를 안 태워주네. 처음이라 그런지 물건도 시원찮아서 가느다란 것만 가지고 다니니 뭐가 팔려야지. '생선 사세요' 하고 소리를 쳐야 하는데 영 그 소리가 목구멍에서 나와야 말이지. 쩔쩔매고 있으려니 그때 여섯 살 먹은 우리 딸이 '생선 사세요, 생선 사세요' 소리를 치는 거야."

아침 일찍 생선을 받아다 팔아보겠다는 할머니의 계획은 수포로 돌아갔다. 하루 종일 팔리지 않는 생선을 가지고 돌아다니다 집 근처 어느 가게 앞에 도착하니 어느새 시간은 저녁 5시를 넘어가고 있었다.

- "알고 지내던 가게 주인이 안되어 보였는지 팔아줄 테니 두고 가라더라구. 그래서 그냥 주고 와버렸는데 버렸는지 먹었는지 갈칫값은 영 못 받았어. 그때 딱 한 번 장사라는 거 해보고 지금까지 노동일만 했어. 그래도 그게 나한테는 제일 맞더라구. 남의 집 파출부도 한 1년 넘게 해봤는데 잘했네 못했네 말들

이 많고. 노동판에 나가 품을 파는 게 몸은 힘들어도 마음은 편했다니까."

"여자가 똥지게 지는 거 봤어? 나 똥지게 져본 여자야." 곤고하고 구차했지만 열심히 살아왔던 당신의 삶을 '똥지게'라는 한 단어로 압축해버리시는 할머니. 곱게 자란 요즘 사람들이 어찌 당신의 삶을 짐작이나 할 수 있겠냐며 말씀을 이으신다.

- "노동일을 몰랐을 땐 농사일을 다녔지. 모내기철이 되면 일산으로 일을 다니는데 새벽 4시에 일어나서 5시에 모래내에서 버스를 타면 수색에 내려. 거기 가면 차가 아줌마들을 태우러 오거든. 그 차를 타고 가서 하루 종일 모를 내고 오는 거지. 한참 일을 하다 보면 논둑에 우리 딸이 쪼그리고 앉아 있는 게 보여. 일 나올 때 집에 두고 오는데 어떻게 찾아오는지 꼭 내 뒤를 따라와서 논둑에 쪼그리고 앉아 있거든. 저도 외로워서 에미 곁을 떨어지고 싶지 않았던가 봐."

농사일을 다니던 어느 날 당시에는 논밭과 기름탱크만 있던 황량한 상암동에서 도로공사가 시작되었다. 농사일보다 높은 품삯을 주는 도로공사 일을 할 땐 달품으로 제법 큰돈도 만져보았다.

- "박정희 때인데 그쪽으로 길을 내는 도로공사를 하는

거야. 거기서 돌도 나르고 흙도 나르니 1500원을 줘. 농사일 품삯에 댈 게 아니잖아. 그래서 그때부터 공사장으로 돌았어. 공사장 함바집에서 밥도 엄청 해보고, 고물장사 하기 전까지는 주로 집 짓는 데 나가 허드렛일을 했지. 그렇게 일을 하다 보니 손이 이렇게 병신이 됐어. 구부러진 채로 펴지질 않아."

남자일이든 여자일이든 당신 앞에 떨어진 일이라면 가리지 않고 열심히 했다는 할머니. "세상사람 다 놀아도 미자 엄마는 절대 안 논다"라는 말이 돌 정도로 동네사람들 사이에서도 억척스럽기로 소문난 할머니는 어떤 일이든 돈이 되는 일이라면 가리지 않았다. 가진 것 없는 사람에게 가혹한 세상, 더구나 아이까지 딸린 이혼녀로 살기에 너무나 버거웠던 지난 세월……. 할머니는 그 세월 동안 살기 위해 강해지고, 강해지고, 또 강해져야만 했다.

■ "돈만 벌 수 있다면 안 해본 일 없는 사람이야. 논일, 밭일, 파출부에 노가다까지. 벽돌도 져보고 시멘트도 져보고, 고물장사하면서는 남자들하고 싸움도 많이 해봤네. 똥지게도 그래. 셋방 사는 사람들한테 주인이 변소 푸는 값을 내라는데 너무 많이 달라잖아. 그래서 실랑이를 하다 내가 똥지게를 가져다 직접 퍼다 버렸어. 돈도 아깝고 화도 나고 그래서 말이야. 그랬더니 소문이 났는지 어느 날 우리 집에 누가 찾아온 거야. 여기 똥 푸는 아줌마네 집이냐구. 하하하."

벽돌도 지고, 나무도 나르고, 못질도 하고, 청소도 하고…… 일이란 일은 닥치는 대로 뭐든 했다. 육신이 고되고 힘들어도 유일한 피붙이인 딸 하나를 잘 키우겠다는 욕심에 몸이 부서지도록 일을 했지만 자식은 여전히 할머니 마음을 아프게 하는 단 하나의 걱정이라고.

걷기조차 어려워 하루 종일 방구석에만

- "자식은 맘처럼 안 되데. 노가다를 나가든 고물장사를 하든 그것만큼은 뒷바라지해서 잘 키워보고 싶었는데……. 하긴 내 형편이 그러니 뭐 잘되길 바라지도 못하지만 말이야. 중학교 겨우 나와 지금까지 결혼도 못하고 사는데 그거만 생각하면 마음이 아파."

여든을 넘긴 노모가 마흔 된 딸을 걱정한다. 이제 어른이 다 된 딸을 뭐 그리 걱정하느냐고 물으니 할머니 마음에는 여전히 그 딸이 그 옛날 논두렁 밭두렁에 앉아 일하는 엄마의 모습을 하염없이 바라보던 애처로운 여섯 살로 보인다는 것이다. 그래서 딸을 생각하면 늘 애잔하고 가슴 언저리가 아려온다.

한때는 힘도 좋고 건강도 좋아 남자와 비교해도 지지 않을 만큼 일을 했다는 할머니. 여자 혼자 자식을 키우며 살다 보니 성격도

괄괄해지고 입도 거칠어져 한때는 욕쟁이 할머니로도 유명했지만 지금은 그마저도 다 옛날 일이다. 과도한 노동의 후유증과 사고로 척추가 내려앉고 관절들이 약해져 일은커녕 방안 거동조차 어려운 상황. 노동으로 지친 몸과 마음을 달래주었던 술도 이제는 더 이상 마실 수 없을 만큼 건강이 급속하게 나빠졌다.

- "난 이제 꼼짝을 못해. 일어나 걸어 다니질 못하니 하루 종일 방구석에만 앉아 있는 거지. 공연히 나갔다가 넘어지기라도 하는 날엔 큰일이잖아."

자동차가 올라가기에도 버거운 급경사 언덕에 있는 할머니 집. 눈이라도 내리면 젊은 사람들도 오르내리기가 쉽지 않은 곳이라 누군가의 도움을 받지 않고서는 바깥 외출이 불가능해 보였다.

할머니는 몇 년 전까지만 해도 폐지를 주워 생활비를 마련하셨다. 여든이 넘은 지금도 다리와 허리만 아프지 않다면 예전처럼 구루마를 끌고 박스와 폐지를 주워다 팔아서 돈을 만들 수 있을 거라 큰소리치는 배포 좋은 할머니. 정말 아픈 데만 없다면 당장이라도 구루마를 끌고 나갈 기세다.

남이 버린 폐지와 폐박스를 주워봐야 얼마나 돈이 될까 싶어도, 특별한 수입이 없는 노인들에게는 비록 푼돈이지만 스스로 돈을 벌 수 있는 유일한 방법이 아닐 수 없다. 하지만 불황이 거듭되면서 폐지 줍는 노인들의 삶 역시 팍팍해졌다. 폐지가 돈이 된다는

....
지친 몸과 마음을 달래주던 술 한잔도 더 이상 마실 수 없을 만큼 건강이 나빠졌다.
거동이 불편해 겨우 밥 한술 해 먹으며 근근이 하루를 견딘다.

소문이 나면서 일자리를 잡지 못한 젊은이들까지 폐지 줍기에 나섰기 때문이다. 이제는 하루 종일 돌아다녀봐도 예전만큼 폐지를 모으기가 쉽지 않다.

더구나 2~3년 전만 해도 킬로그램당 2백 원은 넘었던 폐지 가격이 백 원 아래까지 떨어지다 보니 손수레에 하나 가득 실어다 팔아봐야 손에 쥐는 건 5천 원 남짓이다. 새벽부터 밤늦게까지 거리를 헤매고 다녀도 하루 만 원 벌기가 쉽지 않아 생활비는커녕 반찬 값조차 충당하기 어렵다.

그럼에도 불구하고 어슴푸레한 새벽부터 노인들이 손수레를 끌고 폐지를 주우러 나가는 것은 이 일이 아니면 돈을 마련할 길이 없기 때문이다. 폐지라도 줍지 않으면 당장 병원비, 약값, 생활비를 벌 길이 막히는 노인들. 빈곤 노인들에게 폐지는 이미 생명줄이 된 지 오래다.

하지만 남들보다 더 많은 폐지를 줍기 위해 큰길로 나갔다가 교통사고를 당하는 노인들의 수가 해마다 늘고 있고, 폐지를 뺏고 뺏기다가 일어나는 노인들끼리의 싸움도 빈번하다. 어렵게 모은 폐지가 정당한 대가를 받지 못하는 것도 문제가 아닐 수 없다. 폐지의 유통구조가 워낙 복잡하다 보니 노인들의 수고에 비해 돌아가는 이익이 적은 것이다.

이야기를 마치고 일어서려니 할머니의 안색이 금세 어두워진다. 아들처럼 생각하는 창길 씨와 좀 더 오래 계시고 싶었던 것이다.

- "사과도 까먹고 귤도 먹고 더 놀다 가지그래. 아 참, 감기는 다 나았는가? 얼른 병원 가서 약 타 먹고 나아야지. 심한 건 아니지? 많이 아픈 건 아니지? 애들 데리고 한번씩 놀러 오더니 왜 애기들 안 데려와. 보고 싶구먼."

창길 씨를 아들처럼 여긴다는 할머니는 그의 아이들 역시 당신 손자 대하듯 예뻐하신다. 하지만 그 때문에 창길 씨는 아이들과 함께 다니는 것을 그만두었단다. 아이들에게도 봉사활동의 보람을 느끼게 하려고 데리고 다니기 시작했지만 워낙 외롭게 사시는 노인들이다 보니 아이들에 대한 사랑이 당신 손자 이상으로 커서 갈 때마다 아무도 모르게 아이들 주머니에 용돈을 찔러 넣어주셨다는 것이다.

물론 할머니의 사랑이 눈물 나도록 감사하기는 하지만 당신들의 형편을 너무나도 잘 알고 있기에 아이들 주머니에 찔러 넣어주신 꼬깃꼬깃한 만 원짜리 지폐를 마음 편히 받을 수가 없었다.

"그렇다고 돌려드릴 수도 없어요. 혼자 사는 늙은이라 무시하냐며 화를 벌컥 내시거든요. 그러려면 다시는 오지도 말라면서 얼마나 야단을 치시는지……. 그래서 차라리 애들을 데리고 다니지 않는 게 편해요."

우리가 주고받는 이야기를 들으셨는지 할머니가 호통을 치신다.

- "지랄허구 있다. 애기들 보고 싶으니까 한번 데려와. 내가 뭘 어쩐다고 그래. 이쁘니까 주는 거야. 내가 아무나 돈 주냐. 창길이 애기들이니까 주는 거지. 어른들이 주면 받고 그러는 거야."

할머니는 자리에서 일어나려는 창길 씨를 보내기 싫으신지 자꾸만 언제 또 오냐고 물으신다. 며칠 후에 김장김치를 나누어드리러 다시 찾아오겠다고 말했지만 잡은 손을 쉽게 놓지 못하는 할머니. 집 앞까지라도 배웅을 하겠다며 현관문을 열고 따라 나오셨지만 계단 앞에서 그만 멈춰버리신다.

- "야야, 난 이제 다리가 아파서 계단도 못 올라간다. 네 발로 기어올라갔다가 엉덩이로 밀고 내려와야 해. 이제 병신 다 됐어. 창길이 배웅하러 더 나가고 싶어도 올라갈 수가 없어. 그래 창길이 고마워. 또 놀러 와. 뭐 가지고 오지 말고 그냥 와. 뭐 안 가져와도 창길이만 보면 돼."

먼 길 떠나는 사람을 보내듯 꼭 잡은 두 손을 놓지 못하시는 할머니. 창길 씨도 그런 할머니의 아쉬움을 알기에 문 앞에서 쉽게 돌아서지 못한다. 할머니가 저렇게 아쉬워하니 돌아서는 그의 마음도 가벼울 리 없다.

"지금은 날씨가 추워져서 못 나오시지만 가을에만 해도 저 아픈 다리로 언덕 아래까지 배웅 나오곤 하셨어요. 차가 안 보일 때까지 골목에 서 있다 들어가시는데 할머니를 놓고 돌아서는 길이 득량도 섬에 사시는 우리 어머니와 헤어지고 오는 길보다 마음이 더 짠해요."

배웅을 하려고 현관문까지 따라 나오지만
계단 앞에서 그만 멈추고 만다.
창길 씨를 쉽게 보내지 못하고 언제 오느냐고 자꾸만 되묻는다.

또 놀러 와.
뭐 가지고 오지 말고
그냥 와.

사진 권우성

*** 희망이 되어주는 사람들

막순 씨와 술친구 하다 친해졌어요

자원봉사자 정창길 씨 이야기

■

"막순 씨와 알고 지낸 지 한 6~7년 되나 봐요. 그분들은 외롭게 살던 습관이 있어서 그런지 남들에게 쉽게 마음을 열거나 친하게 지내는 걸 잘 못해요. 막순 씨도 그랬죠. 자주 만나는데도 그렇게 차가울 수가 없어요. 그런데 어느 날 보니 집 안에 소주병이 있더라구요. 물어보니 식사 때 반주로 한두 잔씩 한다는 거예요. 그래서 이제 됐구나 했죠."

자원봉사자 정창길 씨는 박막순 할머니를 '막순 씨'라고 부른다. '할머니'보다 훨씬 정감 있게 들리는 '막순 씨'. 할머니 역시 아들 같은 젊은 남자에게 '막순 씨'라고 불리는 것이 싫지 않으신지 "지랄한다" 하면서도 수줍게 얼굴을 붉히신다.

지금은 할머니의 둘도 없는 친구이며 애인이자 아들이 되었다는 창길 씨. 하지만 처음부터 두 사람 사이가 좋았던 것은 아니다. 쌀도 갖다주고 김치도 담가다 주며 자주 드나들었지만 할머니에겐 그저 업무상 그런 일을 해야 하는 사회복지과 직원과 다름없는 '남'으로 느껴졌기 때문이다.

짬뽕 한 그릇에 소주 한 병 시켜놓고

길고 외로운 독거생활 끝에 마음마저 꼭꼭 걸어 잠근 할머니. 남편에게 버림받고 형제에게조차 외면당하고 자식마저 마음대로 되어주지 않았던 지난 시간 동안 할머니의 마음은 만신창이가 되었고 그 위로 한 겹씩 불신과 미움, 원망들이 쌓여갔다. 세상사람 그 누구의 관심과 사랑도 받지 못했던 할머니에게 오직 믿을 것이라고는 자신밖에 없었다.

그렇게 자신만을 믿고 의지하며 살아온 세월이 40여 년. 누구에게도 자신의 마음을 내보이지 않으며 강한 척 당당한 척 살아왔지만 할머니의 마음 한구석에도 사람에 대한 그리움이 없었을 리 없다. 하지만 한번 닫힌 마음이 쉽게 열리지는 않았다. 가끔씩 찾아오는 자원봉사자나 사회복지사들이 할머니와 친해지고 싶어 다가갔지만 할머니는 마음의 문을 쉽게 열어주지 않았다.

창길 씨는 그런 할머니에게 용기를 내어 먼저 소주잔을 내밀었다. 보통은 봉사자들끼리 나가서 식사를 하는 것이 관례지만 그날은 짬뽕 한 그릇과 소주 한 병을 시켜놓고 할머니와 마주 앉았던 것이다.

"처음엔 이놈이 왜 이러나 하는 눈치더니 한잔 두잔 나누어 마시면서 말문을 여시더라고요. 외롭고 괴로울 때마다 소주로 마음을 달래곤 했는데 술친구가 생겼으니 좋으셨던 거죠."

하루 종일 고된 노동에 녹초가 되어 집으로 돌아온 할머니의 괴로운 몸과 마음을 달래주던 소주 한잔. 힘들어서 한잔, 몸이 아파서 한잔, 서글퍼서 한잔, 우울해서 한잔, 잠이 오지 않아 또 한잔……. 함께 마셔줄 사람도 없이 혼자 마셨던 술은 마침내 몸을 상하게 했다.

"처음 한 번이 어려웠지 한번 길을 트고 나니 그때부터는 쉽더라고요. 어쩌면 막순 씨도 그런 친구가 있었으면 하고 바랐던 모양이에요. 그 뒤로는 가끔 가서 술친구도 해드리고 하소연도 들어드리고 그랬죠. 요즘엔 몸이 약해지셔서 술을 전혀 못하시지만 그땐 소주 두 병도 너끈했어요. 그러다 보니 우리 막순 씨와 둘도 없는 사이가 된 거예요. 이거 다른 할머니들 알면 샘내시는데 큰일 났네. 허허허."

....
막순 씨의 소중한 친구 창길 씨가 찾아왔다.
세상이 싫고 사람이 미워 꼭꼭 걸어 닫았던 마음의 문을 조금씩 열 수 있게 도와준 고마운 사람.
아들처럼, 애인처럼 한참 눈을 맞춘다.

봉사는 잘사는 사람들이 하는 건 줄 알았죠

서울 마포구 서교동에서 작은 쌀집을 운영하고 있는 정창길 씨는 어쩌다 할머니와 인연이 닿게 되었을까? 어린 시절부터 주변의 어려운 이웃들에게 관심을 가져온 것인지, 살다가 어떤 동기가 있어 자원봉사자의 길로 들어서게 된 것인지 궁금했다. 그에게 어린 시절이 어땠는지 물으니 대뜸 "저 고생 무지 하고 자란 사람이에요"라고 한다. 독거노인들에 비하면 병아리나 다름없는 나이 마흔에 어떤 고생을 얼마나 했다는 것일까?

"중학교 갈 때까지 우리 동네엔 전기도 들어오지 않았고 차도 없었어요. 우유라는 것도 6학년 때 처음 먹어봤어요. 육지 갔던 아버지가 귀한 거라면서 가져오셨는데 뭐가 밍밍한 게 맛이 그렇더라고요. 섬에서 초등학교를 마치고 육지로 중학교를 다니러 왔는데 차도 많고 사람도 많고…… 우와, 정말 대단하더라니까요."

이순신 장군이 임진왜란 때 식량을 구했다 해서 '득량도(得糧島)'라는 이름을 얻은 전남 고흥군의 작은 섬이 창길 씨의 고향이다. 도시에서 나고 자란 사람이라면 1980년대 중반까지도 전기가 들어오지 않는 지역이 과연 있었을까 고개를 갸웃하게 되지만 실제로 일부 도서지방과 산간벽지에는 1980년대에도 전기가 들어가지 않은 곳이 더러 있었다고 한다.

섬에서 나와 홀로 자취를 하면서 중학교를 마친 그는 작은 봉제공장을 운영하던 형을 따라 서울로 올라온다. 섬에서 살다 육지생활을 해보긴 했지만 서울은 생각했던 것보다 수십 배는 더 놀라웠다. 그 많은 사람과 건물 그리고 차들, 표준말만 사용하는 말끔한 서울사람들……. 표준말을 사용하는 친구들 사이에서 전라도 사투리를 쓰는 것이 창피해 아예 말문을 닫아버린 사춘기. 부잣집 도련님 같은 친구들 사이에서 섬소년이었던 창길 씨는 그만 외톨이가 되고 말았다.

"형네 집에서 기거하면서 고등학교를 다녔는데 적응이 잘 안되더라고요. 제가 동급생들보다 나이도 많고 사는 것도 차이가 나고……. 암튼 졸업만 기다리면서 학교를 다녔어요. 공부에는 관심이 없고 얼른 취직해서 돈을 벌고 싶었거든요."

간신히 고등학교를 졸업한 그는 대학에 진학하는 대신 서둘러 군에 입대한다. 공부로 출세하기보다는 돈을 벌어 빨리 자립하고 싶었던 것이다. 전역 후에는 농협의 유통직 사원으로 첫 직장생활을 시작했다. 1년 단위로 재계약이 이루어지는 비정규직 노동자였지만 일만큼은 정규직 못지않게 해냈다. 작은 일이든 큰 일이든 자신 앞에 떨어진 일에는 최선을 다했다. 이런 성실함은 훗날 자신의 가게를 내는 데 큰 밑천이 되었다.

한창 직장생활을 하던 20대까지만 해도 창길 씨는 주변에 눈길을 줄 만한 여유가 없었다. 하루하루 열심히 살고, 열심히 산 만큼 열심히 놀기도 했지만, 주변과 남들에 대한 관심은 전혀 없었다. 전라도 작은 섬마을 출신의 가난한 청년이라는 이유만으로 편견과 부당한 대우에 시달린 탓에 자기 역시 누구 못지않게 어려운 처지에 있다는 자격지심이 컸기 때문이다.

"워낙 없는 집에서 여러 형제들 속에 자라서 나 하나 먹고살기 바빴어요. 더군다나 서울사람들이 전라도 출신이라는 이유로 얼마나 무시하고 경멸하는지……. 솔직히 나 살기도 어려운데 주변을 돌아볼 여유가 어디 있어요. 봉사? 그런 건 잘사는 사람들이나 하는 걸로 알고 살았죠."

어두운 방도 고약한 냄새도 차차 익숙해지고

10여 년 전, 쌀가게를 차려 장사를 막 시작했던 창길 씨가 봉사와 인연을 맺게 된 건 순전히 우연이었다. 창길 씨 가게 근처에 살고 계신 분이 우양재단의 전신 격인 열림교회에서 쌀 지원 사업을 진행하고 계셨는데, 그저 집에서 가깝다는 이유로 창길 씨에게 쌀 구입을 문의했던 것이다.

"농협에서 나와 작은 쌀가게를 차렸거든요. 그런데 하루는 근처

교회에 다니신다는 분이 독거노인들에게 쌀 지원하는 일을 한다면서 교회로 쌀을 가져다달라고 하잖아요. 저야 제 쌀 팔아주니 좋았죠. 처음엔 매달 교회로 주문한 쌀만 가져다주고 그랬어요. 그런데 어느 날 쌀을 전달할 봉사자가 바쁜 일이 생겼다면서 저보고 대신 독거노인 집까지 배달해줄 수 없겠느냐고 하지 뭐예요. 허허허. 그 날부터 코가 꽉 꿰인 거예요."

지금은 지원범위가 커져 우양재단에서 사업을 맡아 하고 있지만, 그때만 해도 교회에서 사회복지사업의 일환으로 소규모로 진행하던 터라 지금처럼 주문량이 많지는 않았다. 이처럼 우연한 기회에 독거노인들에게 쌀 배달을 처음 했던 날, 창길 씨는 당시의 기억을 한마디로 '충격'이라고 표현했다. 남해안의 작은 섬 득량도에서 태어나 고등학생 시절에 처음 서울땅을 밟아보았다는 자칭 '촌놈'에게 서울은 꿈의 도시였으며 서울사람은 부러움의 대상이었다. 하지만 막상 쌀자루를 들고 찾아간 독거노인들의 집에서 그는 화려함 속에 숨겨진 서울의 슬픈 밑바닥을 들여다보게 된 것이다.

"고향에서 올라와 열심히 일을 해도 고작해야 월세 살고 전세 사는 입장이었죠. 그래서 전 서울에서 우리가 제일 가난한 줄 알았어요. 서울엔 거지도 없고 우리보다 가난한 사람도 없다고 생각했거든요. 솔직히 부자들이 부럽고 제 처지가 불만스러웠죠. 그런데 처

....
처음에는 지하방의 어둠도, 냄새도 불편했지만 어느새 대문 밖에서 현관으로,
현관에서 방 안으로 조금씩 다가서고 있었다. 마침내 어르신들의 마음속 깊은 곳까지.

음 쌀을 가져다드리러 가서 그 생각이 딱 깨졌어요."

아무리 반지하라고 해도 그렇게 열악한 상태의 반지하는 처음이었다. 들고 간 쌀을 내려놓으려고 문을 여니 악취가 진동해서 차마 집 안으로 들어갈 용기가 나지 않았다. 전기조차 들어오지 않았던 득량도에도 이런 굴속 같은 집에 사는 사람은 없었다. 이렇게 가난에 찌들고, 이렇게 외로움에 시달리며 쓸쓸히 늙어가는 노인들은 없었던 것이다.

"처음엔 대문 밖에서 함께 간 자원봉사자가 나오길 기다리며 할머니들이 주신 요구르트만 받아서 돌아오곤 했어요. 지금 생각하면 우습지만 그땐 비위가 상해서 할머니가 주신 음식조차 먹을 수가 없었죠. 그런데 몇 번 찾아뵈니 차차 마음이 바뀌더라고요. 솔직히 그 더럽고 냄새나는 데 들어가서 목욕도 시켜드리고 청소랑 빨래까지 하는 봉사자들을 보고 너무나 감동을 받았어요."

굴속 같은 어두운 방 안에서 홀로 외로이 늙어가는 노인들. 처음엔 노인들의 귀신같은 몰골이 무섭고 더럽다는 생각을 지울 수 없었다. 방 안에서 흘러나오는 냄새를 참을 수 없어서 현관문조차 잘 열지 못했다. 그러나 어둠도 냄새도 시간이 지나다 보니 적응되었다. 대문 밖에서 현관으로, 현관에서 방 안으로 조금씩 다가가던 그는 마침내 독거노인들의 마음속 깊은 곳까지 두려움 없이 한 걸

음씩 걸어 들어갔다.

"몇 번 배달을 다니다 보니 하다못해 형광등이 나가도 손을 볼 수 없어 어두운 방에서 지내야 하는 어르신들의 사정이 눈에 들어왔어요. 쌀을 가져다드리면서 도와드릴 수 있는 일을 찾았죠. 고장 난 형광등을 고쳐 어두운 방에 불이 들어오니 '죽은 자식이 살아 돌아온 것 같다' 며 기뻐하시는데 저도 정말 행복하더라고요."

저는 어머니 아버지가 수도 없이 많아요

자신의 힘들고 고단한 삶에 늘 불만이 많았던 그는 봉사를 통해 정화를 경험했다. 어르신들의 감사와 칭찬을 들을 때마다 자신이 착해지는 것 같아 마음이 뿌듯해지고 심지어 자신이 대견하게 느껴져 오히려 어르신들에게 고마운 마음이 들기도 했다.

이제는 정기적으로 독거노인들을 찾아뵙지 않으면 궁금하고 걱정이 되어 일이 손에 잡히지 않는다는 창길 씨. 이쯤 되면 자원봉사에 '중독' 되었다고 할 만하지만, 그는 노인들을 찾아뵙는 일에 자원봉사라는 이름을 붙이는 것을 좋아하지 않는다.

"한 달에 세 번, 하루에 열 집씩을 다니지만 전혀 힘들다고 생각하지 않아요. 이젠 습관이 돼서 이것 때문에 다른 일에 지장을 받지도 않고요. 그리고 무엇보다도 저는 자원봉사라는 말을 싫어합니다. 봉사하러 간다고 생각하지 않거든요. 어머니 집에 놀러 간다고 생각해요. 어머니 집에 자원봉사하러 가는 사람은 없잖아요."

처음엔 봉사를 나간 남편 대신 혼자 가게를 봐야 해서 불만을 가졌던 아내도 이제는 전폭적으로 남편의 일을 응원한다. 봉사를 나간 동안에는 가게 일로 신경 쓰지 않게 해주는 아내의 내조가 있기에 더욱 힘이 생기고 신이 난다. 초등학교에 다니는 진욱이와 유정이도 마찬가지다. 아빠가 하는 일이 좋은 일이라는 것을 알고 자랑스러워하며 아빠와 함께 봉사 나가길 원한다고 한다.

"좋은 일이지만 애들은 데리고 다니지 않으려고 해요. 몇 번 같이 나가보니까 할머니들이 자꾸 애들에게 용돈을 주시는 거예요. 물론 이쁘다고, 내 손주 같다고 주시는 건 알지만 이건 아니다 싶더라고요."

봉사하면서 가장 기억에 남는 일이 무엇이냐고 했더니 몇 년 전 한 할머니의 목숨을 구했던 일화를 들려준다.

"임대아파트에 살던 독거노인이셨는데 일주일 만에 다시 찾아갔더니 문이 잠겨 있고 조용하더라고요. 그런데 이상하게 안에서 악취도 나고 사람이 있다는 느낌이 드는 거예요. 밖에서 문을 따고 들어가보니 할머니가 쓰러져 계신데 그 상태로 5일이나 된 거예요. 눈만 간신히 뜨시는데 조금만 늦었어도 돌아가셨죠. 119 불러 병원에 입원시켜드렸는데 지금은 건강하게 잘 살고 계시죠."

그때부터는 쌀 전달보다 할머니의 안부를 묻는 일이 더욱 중요하다는 생각을 하게 되었다는 그는 오랜 시간 교류해왔던 노인 분들이 하나둘 돌아가실 때마다 그 충격에 오랫동안 마음을 앓는다.

"아직도 득량도에 어머니가 계시고, 장인 장모님과는 함께 살고 있습니다. 모신다기보다는 제가 처가살이하는 쪽이지만요. 봉사활동하면서 부모님에 대한 마음도 많이 달라졌어요. 부모님이 건강하게 우리 곁에 살아 계신 것만도 너무 감사해요. 저는 어머니 아버지가 수도 없이 많아요. 친어머니, 장인, 장모님, 박막순 어머니, 조필남 어머니…… 모두 똑같은 어머니 아버지들이세요. 이분들이 건강하고 행복하게 오래오래 사셨으면 좋겠습니다."

*** 에필로그

복지의 사각지대를 찾아 마음을 전하다

■

기사를 기획하던 2009년 10월부터 이 책의 마지막 원고를 넘긴 2010년 12월 말까지 열두 분의 독거노인을 만나는 동안 언제나 우양재단 돌봄팀(독거노인지원팀)과 자원봉사자들이 함께 있었다. 대부분의 독거노인들이 모르는 사람의 접근에 심한 경계심을 보이거나 거부감을 드러내는 탓에 평소에 자주 왕래를 하며 친하게 지내오던 사회복지사나 자원봉사자와 동행하지 않고서는 인터뷰 자체가 불가능했기 때문이다.

놀라웠던 점은 사회복지사, 자원봉사자들과 독거노인들의 관계였다. 복지 관련 업무의 특성상 오가는 정이 없이는 불가능할 거라고 예상은 했지만, 어르신들과 이들의 관계가 예상보다도 훨씬 친밀했던 것이다.

가난한 독거노인들이 살고 있는 집은 언제나 찾기 어려운 곳에 있었다. 차 한 대가 드나들기도 어려운 미로 같은 골목길을 곡예하듯 운전해 찾아가거나 집 근처에서 주차공간을 찾기 어려워 먼 곳에 차를 대고 쌀과 김치, 부식들을 어깨에 짊어지고 가야 하는 경우도 많았다.

가진 것 없어도 넘치는 인정

"나오지 말라고 해도 자꾸 나와서 기다리세요. 남의 집 셋방살이를 하다 보니 대문을 여는 데 눈치가 보이는 것도 있고, 벨을 눌러도 귀가 어두우시니까 잘 들리지 않아서 문을 못 열어줄까 봐 걱정도 되고 그래서 문 앞에 나와 계신 거죠. 그만큼 저희를 기다리시는 거고요."

가져간 쌀과 부식을 내려놓자마자 어르신들은 "미안하다", "고맙다" 하시며 손부터 덥석 잡아 집에서 가장 따뜻한 전기장판 위로 끌어 오신다. 따뜻한 차를 주시는 할머니, 요구르트를 준비해두신 할머니, 아끼고 아껴서 시들시들해진 귤 서너 개를 치마폭에 닦아 쥐여주시는 할머니. 어느 누구 할 것 없이 내 아들 내 손자 대하듯 뭐라도 주고 싶고 먹이고 싶지만 가진 것이 많지 않은 게 한이 될 뿐이다.

"저희가 온다고 하면 자꾸 뭘 준비하셔서 얼마 전부터는 연락을 하지 않고 불쑥 찾아가고 있어요. 우리 부모님들 인정이 그렇잖아요. 집에 오는 사람은 물 한 잔이라도 대접해 보내야 마음이 편하시죠. 마찬가지세요. 가난한 분들이지만 그럴수록 더 당신 것을 내어주려고 해요. 넙죽 받아먹기도 죄송하지만 너무 거절하는 것도 어르신들 자존심을 상하게 하는 일이라 맛있게 먹습니다. 오가는 길에 먹으라고 남은 것을 싸주시기도 하는데…… 하하하, 아주 난처해요. 받을 수도 없고 안 받을 수도 없고…….”

특히 어르신들이 "삼열아, 삼열아" 하며 자식처럼 여기는 사회복지사 손삼열 씨는 할머니 할아버지의 귀여움을 독차지하고 있는 스타라고 해도 과언이 아니다. 어르신들 앞에서는 장난꾸러기 손자처럼, 철없는 아들처럼 어리광을 부리기도 하고 장난도 치며 재롱을 피우는 손삼열 씨. 하지만 그도 처음부터 노인복지에 관심이 있었던 것은 아니라고 한다.

"맨 처음 사회복지 일을 시작했을 때 제가 재가복지, 특히 노인 관련 일을 하게 될 줄은 생각지도 못했어요. 하지만 첫 직장에서 맨 처음 어르신 댁을 방문하고 상담한 후 느꼈던 감정들은 제가 그때까지 가지고 있던 생각들을 바꿔놓기에 충분했습니다. 외롭고 힘들게 살아가고 계시는 그분들의 모습은 누구보다 힘든 삶을 사셨던 저희 부모님의 모습이었으니까요. 누구보다 성실하게 생활하셨고, 어떠한 고생도 마다하지 않으셨고, 자식을 위해 헌신하셨던 우리 부모님의 모습 그 자체였기 때문이죠."

비록 지금은 자식들에게 버림받아 어렵게 살지언정, 연락조차 되지 않는 자식들에게 해가 될까 말 한 마디 행동 하나 조심스러워 하시던 독거노인들의 모습에서 손삼열 씨는 큰 감동을 받았다. 그래서 그분들을 위해 사회복지사로서 작은 힘이나마 보태야겠다는 다짐을 하게 되었다.

혼자가 아니라는 생각을 심어드리고 싶기에

"최대한 많은 어르신들을 만나서 큰 도움은 되지 못할지라도 따뜻함을 전해드리고 싶었습니다. 가난과 외로움이라는 어려움을 겪고 계시는 그분들에게 아들처럼 손자처럼 다가가고 싶었습니다. 물질적인 도움과 함께 따스한 말 한 마디, 그분들을 위해 진심으로 해드릴 수 있는 기도 등을 통해 혼자가 아니라는 생각을 심어드리고 싶었습니다."

손삼열 씨가 귀여운 손자의 이미지라면, 따뜻한 말투로 할머니들 사이에서 '신사'라는 별명을 얻고 있는 김대현 팀장은 든든한 아들이다. 노인들에게 멍에처럼 지워진 빈곤이 손자 대에까지 대물림되는 것이 안타깝다는 김 팀장은 독거노인이나 조손가정 같은 빈곤층에 대한 정책적 배려가 절대적으로 필요하다고 생각한다.

"어르신 가운데는 사업 실패, 사기, 도박, 술, 외도 등으로 빈곤한 삶을 살고 계신 분들도 간혹 있지만, 대부분은 농촌에서 교육의 기회를 제대로 갖지 못했고, 해방과 한국전쟁을 겪었으며, 서울에서 고된 노동일을 하며 부모님을 모시고 자녀들을 양육하고자 노력했던 분들입니다. 젊었을 때 경제발전에도 기여하고 한창 잘나가신 분들도 많습니다. 하지만 나이가 들어가면서 경제적인 활동이 어려워지고 자녀들의 생활도 힘들어지자 폐지 등을 주우면서 혼자 살게 되신 거죠. 어르신들 가족사를 들으면 빈곤이 대를 이어서 순환된다는 생각을 지울 수가 없습니다. 대부분 빈곤 노인들은 교육의 기회가 충분하지 못했기 때문에 안정적인 직장생활을 할 수 없었고, 자녀들과 함께 시간을 보낼 여유도 교육을 시킬 능력도 없었습니다. 그래서 그 자녀는 대부분 또다시 부모의 삶을 따라 살아가게 되는 거죠."

빈곤 노인 가운데서도 수급자나 차상위계층 지정을 받지 못해 한 달을 8만 4천 원의 노령연금으로 살아야 하는 비수급 노인들의 형편이 가장 비참하다. 폐지 줍기로 부족한 생활비를 마련하고, 자식이 있는 경우에는 부정기적으로라도 용돈을 받기도 하지만 월세, 의료비, 공과금을 내기에 늘 부족한 경우가 많다.

"그런 어르신들은 오래되어 상한 듯 보이는 음식도 버리지 않고 드십니다. 월세가 밀려 있고, 몸이 아파도 병원에 가지 못하고, 하루에 한 끼나 두 끼의 식사도 간신히 해결하는 어르신도 많이 계시고요. 아무리 추운 겨울에도 난방을 하는 대신 이불을 둘둘 말고 있거나, 숨이 막히는 삼복더위에도 선풍기조차 켜지 않죠. 돈이 없으니 그저 아끼고 안 쓰고 안 먹는 방법밖에 없는 겁니다."

수급자 선정 기준 더 유연해져야

우양재단에서 지원을 하는 독거노인의 경우 자식들로부터 전혀 도움을 받을 수 없는 형편인데도 호적상의 이유로 기초생계비를 받지 못해 빈곤에 처해 있는 노인들이 대부분이다.

어쩌면 자식이 없는 독거노인보다 자식에게서 돌봄을 받지 못하는 노인들이 마음의 상처가 더 클지도 모른다. 자식에게서 받은 상처와 주변의 시선, 끊임없이 드는 자괴감과 실패감, 한편으로 자식에 대한 걱정으로 늘 가슴이 아프리라. 그러다 보니 자식에게서 받지 못한 관심과 사랑을 나눠주는 사회복지사, 자원봉사자들이 자식처럼 살갑고 믿음직스러울 수밖에 없다.

"작은 도움인데도 '자식들도 못하는 일을 해준다' 며 어르신들이 고마워하실 때 보람을 느낍니다. 가끔 아프신 어르신들이 급하게 연락할 곳이 없어서 저희들을 찾으시는 경우가 있는데, 자녀도 지인도 없어 저희에게 도움을 부탁하는 분들을 병원에 모셔다 드리다 보면 가슴이 먹먹해지죠."

사회복지사 장완영 씨는 이렇게 자식처럼 친구처럼 대해주시던 어르신들이 돌아가셨다는 소식을 들을 때면 한동안 그 충격에서 벗어나기가 쉽지 않다. 어르신들이 워낙 고령이고 지병도 가지고 계시긴 하지만 막상 외롭고 쓸쓸하게 임종하셨다는 소식을 듣게 되면 며칠간은 일이 손에 잡히지 않을 정도로 마음이 무겁다.

"자녀 없이 홀로 칠십 평생을 살아오신 어떤 어르신은 누구라도 좋으니 나중에 당신이 돌아가시면 월세 보증금 빼서 장례나 치러 줬으면 좋겠다고 하십니다. 그런 부탁을 들을 때면 뭐라 대답을 해 드려야 할지 난감하죠. 노인복지 일을 하면서 늘 느끼는 것은 세상이 외롭다는 것과 가난 구제는 나라에서도 잘 못한다는 것입니다. 그만큼 저희가 할 수 있는 일에 한계가 있다는 것이죠."

노인복지 일선에서 가장 가깝게 그들을 만나는 사회복지사와 자원봉사자들. 마음 같아서는 더 많은 빈곤 노인에게 좀 더 풍족한 도움을 드리고 싶지만 만족스러운 복지를 실천하기에는 정책적, 재정적 지원이 여전히 부족하다.

"노인인구가 폭발적으로 늘어나고 있어요. 정부에서 수급자에게, 그리고 이보다 몇 배 더 많은 비수급 빈곤층까지 충분한 지원을 하기가 쉽지 않을 것 같습니다. 하지만 원칙적으로 노인인구가 늘어남에 따라 복지예산 역시 늘려가야 합니다. 수급자 선정 기준에 대해서도 지금과는 다른 실제적인 유연성을 가졌으면 하는 바람입니다."

국가의 지원이 제대로 미치지 않는 복지의 사각지대에서 어려움을 겪고 있는 빈곤 노인들을 찾아내 물질적, 정신적 지원을 하는 사람들. 이들이야말로 소외된 노인들의 유일한 희망이자 기쁨이 아닐 수 없다.

하지만 좀 더 많은 소외된 사람들에게 물질적, 정신적 지원이 이루어지려면 우리 사회 전체가 관심과 의지를 가져야 한다. 작은 복지단체의 힘만으로는 지원하는 데 한계가 있기 때문이다. 안타까운 현실을 보고도 부족한 재정 때문에 지원을 해드릴 수 없을 때 사회복지사나 자원봉사자들이 스스로 주머니를 털어 도움을 드리는 경우도 적지 않다. 어르신들의 아픔을 내 부모의 아픔으로 느끼는 그들이기에 모른 체 눈감는 것이 더 큰 고통인 것이다.

어르신들을 만나 취재를 하고 이야기를 나누면서 마음 한구석이 슬프고 아팠던 것은 그 모습이 나와 무관하게 느껴지지 않았기 때문이다. 늙고 병들고 힘없어진 내 부모의 모습이며, 앞으로 늙어갈 나와 우리의 모습이기에 쉽게 머리에서 떨쳐버릴 수가 없었다.

그러다 보니 독거노인 기획취재를 하고 그것을 바탕으로 책을 준비하던 지난 1년은 온통 '노년'과 '빈곤'이라는 두 단어에 매달려 지냈다고 해도 과언이 아니다. 빈곤에 빠진 노인들을 위해서는 어떤 노력이 필요할까? 다가올 노년을 대비해야 할 우리는 또 어떤 준비를 해야 할까?

밥 한 끼 대접하더라도 품위 있게

처음부터 해답을 찾기 어려운 고민이었지만 탈고를 하는 지금까지도 명쾌하기는커녕 비슷한 결론에도 도달하지 못한 것 같아 안타깝기만 하다. 그럼에도 불구하고 희망을 버리지 않는 것은 독거노인들에게 따뜻한 안부편지를 드리고, 쌀을 부치고, 계란을 보내고, 아기의 백일떡을 나누는 착한 이웃들이 있기 때문이다.

내가 만난 열두 분의 독거노인뿐 아니라 그와 비슷한 처지에 놓인 더 많은 독거노인들 역시 이들을 돕는 후원자와 자원봉사자, 사회복지사를 비롯한 수많은 이웃들이 있기에 영하의 혹독한 겨울도 두렵지만은 않은 것이다.

그들은 배만 불리는 복지, 무조건 베푸는 복지가 전부는 아니라는 것을 실천으로 보여주었다. 독거노인들을 향한 그들의 사랑은 가난 자체에 대한 시혜나 동정이 아닌 우리 시대의 어른인 노인에 대한 배려와 존중이었다.

그들은 이야기한다. 아무리 대단한 지원이라도 노인들의 자존심에 상처를 주는 방식이어서는 안 된다고, 마음을 나누는 데서 시작하는 복지가 되어야 한다고, 밥 한 끼를 대접하더라도 품위 있게 드리려는 노력이 따라야 한다고, 바닥에 떨어진 노인들의 자존감을 높여드리는 정신적 지원 역시 소홀히 해서는 안 될 것이라고.

이 책을 마무리하는 지금 머릿속에서 떠나지 않는 한 마디가 있다. 독거노인의 친구이며 자식이자 연인인 자원봉사자 정창길 씨가 입버릇처럼 하는 말이다.

"우리 어르신들, 배만 고픈 게 아니에요. 사람이 고프고 정이 고프고 마음도 고픈 거죠."

나 같은 늙은이 찾아와줘서 고마워

1판 1쇄 펴낸날 | 2011년 3월 31일
1판 7쇄 펴낸날 | 2021년 5월 3일

지은이 김혜원
펴낸이 오연호
편집장 서정은 편집 김초희 관리 문미정

펴낸곳 오마이북
등록 제2010-000094호 2010년 3월 29일
주소 서울시 마포구 월드컵로14길 42-5 (04003)
전화 02-733-5505(내선 271) 팩스 02-3142-5078
홈페이지 book.ohmynews.com 이메일 book@ohmynews.com
페이스북 www.facebook.com/Omybook

책임편집 서정은
교정 김성천 김인숙
사진 권우성 남소연 유성호
디자인 박진범
인쇄 천일문화사

ⓒ 김혜원, 2011

ISBN 978-89-964305-3-7 03810

이 책의 판매수익과 지은이의 인세 중 일부는 우양재단에 기부되어 독거 어르신들을 위해 쓰입니다.
우양재단 후원팀 02-324-0455 www.wooyang.org

이 책은 저작권법에 의해 보호받는 저작물이므로 내용의 전부 또는 일부를 재사용하려면
반드시 지은이와 출판사의 동의를 받아야 합니다.

오마이북은 오마이뉴스에서 만드는 책입니다.